오늘도 읽는 중입니다

오늘도 읽는 중입니다

초판 1쇄 2023년 10월 25일
지은이 김원배, 장은주 ∣ **펴낸이** 송영화 ∣ **펴낸곳** 굿웰스북스 ∣ **총괄** 임종익
등록 제 2020-000123호 ∣ **주소** 서울시 마포구 양화로 133 서교타워 711호
전화 02) 322-7803 ∣ **팩스** 02) 6007-1845 ∣ **이메일** gwbooks@hanmail.net
© 김원배, 장은주, 굿웰스북스 2023, *Printed in Korea.*
ISBN 979-11-7099-016-1 03190 ∣ **값 18,000원**

※ 파본은 본사나 구입하신 서점에서 교환해드립니다.
※ 이 책에 실린 모든 콘텐츠는 굿웰스북스가 저작권자와의 계약에 따라 발행한 것이므로 인용하시거나 참고하
  실 경우 반드시 본사의 허락을 받으셔야 합니다.

※ **굿웰스북스**는 당신의 풍요로운 미래를 지향합니다.

오늘도 읽는 중입니다

책 속 한 문장이
잠재력을 깨웠다

용은 갑자기 나타나지 않는다. 일상을 돌아보며 노력했던 소소한 과정이 쌓인 끝에 태어나는 것이다. 『채근담』에는 "작은 일을 소홀히 하지 않고, 보이지 않는 곳에서도 속이거나 숨기지 않고, 실패했을 때도 포기하지 않으면, 이것이 진정한 영웅이다."라고 기록되어 있다. '내가 누구인지', '나는 어떤 삶을 살고 싶은지' 정도는 누구나가 생각하며 살아가고 있고, 그 답을 찾기 위해 다양한 활동을 하게 된다.

'내 운명은 남에게 맡기지 않는다. 나 스스로 개척한다.'라는 한 문장이 잔잔한 연못에 파도를 일으키는 계기가 됐다. '정말 내 운명을 스스로 개척할 수 있을까?' 생각에 꼬리를 물면서 그 정답을 책 속에서 찾으려 독서를 시작했다. 나의 삶은 오십 이전과 이후로 나뉜다. 오십 이전은 그냥 주어진 대로 살아왔다면 오십 이후의 삶은 책을 읽고 글을 쓰면서 세상을 주도적으로 살기 시작했다는 것이다. 독서 습관을 가진 것은 얼마 되지 않았지만 꾸준하게 매일 읽었던 책 속의 문장들은 살아 움직이며 세상을 살아가는 방향을 제시해줬다.

새벽 3시에 일어나서 책을 읽는다고 말하면 왜 그렇게 힘들게 사느냐며 이해하지 못하겠다고 주변에서는 말을 한다. 이 시간 꾸준한 독서가 내 삶을 변화시켰고 책을 출간하고 전국을 돌아다니는 강연가로 변화시켰다. 일상생활 속에서 노력했던 과정들이 결과로 보이고 자존감과 자신감이 쑥쑥 올라가는 계기가 된 것이다.

『언니, 걷기부터 해요』 책을 출간한 장은주 작가와의 만남도 독서모임에서다. 독서를 통해 꿈을 찾고 책 속의 문장을 실천하는 모습을 감동적으로 보여주는 작가님을 만나게 되어 『오늘도 읽는 중입니다』 공저를 집필하게 됐다. 이 책은 성인들을 위한 독서에세이다. 우리에게 맞닥뜨린 상황들을 회피하기보다는 버텨내고 극복할 수 있는 힘을 책 속에서 찾은 경험들을 이야기하고 있다.

제1장 "책속으로 여행을 떠나자"에서는 책을 어떻게 읽어야 될지 삶의 경험들 속에서 제시해 주고 있다. 부정직인 감정을 긍정저으로 바꾸는

힘, 독서모임에 참여하는 이유, 성찰하는 자세로 읽는 방법들로 구성되어 있다.

제2장 "행동해야 삶이 달라진다"에서는 읽고 난 후 일상생활에 적용하고 실천하는 것이 중요함을 세시한다. 성공한 사람들은 모두 독서광이었다. 실천하는 독서의 중요성을 실제 사례를 통해 보여준다.

제3장 "성장하는 삶을 위해"에서는 오십 중반이지만 앞으로 살아가야할 길이 많이 남아 있다. 매일 1%씩 성장하는 맛으로 책을 읽기 시작한다. 독서의 올바른 습관이 강연가가 되고 봉급 이외의 수익을 창출하고 있다. 삶의 현장에 적용하면서 변화하는 삶의 모습을 보여준다.

4장 "읽고 쓰는 삶이어야 한다"에서는 독서효과를 믿어야 성장한다. 하고 싶은 것을 실천하면서 성장하고 행복의 길로 들어서게 된다. 사람마다 행복의 조건은 다르겠지만 책 속에서 행복을 만들어가는 우리의 이야기가 담겨져 있다. 독서와 글쓰기는 항상 함께 걷고 있다.

『오늘도 읽는 중입니다』를 집필하면서 퇴직 후의 삶을 구체적으로 설계하는 계기가 됐다. 청소년 시절 내성적이고 의기소침하고 말도 하지 않던 필자의 깊이 숨겨져 있던 잠재력을 발현될 수 있었던 것은 독서의 힘이었다. 앞으로의 삶은 책 속의 문장들을 실천하면서 주변 사람들에게 선한 영향력을 펼치면서 살아갈 것이다.

　서울과 김해의 중간쯤 대구에서 만나며 공저 계획을 세우고 끝까지 완주할 수 있었던 것은 장은주 작가의 열정적인 실행력 덕분이었다. 바쁜 와중에도 짧은 시간에 원고를 마무리할 수 있었던 것도 둘의 마음이 통했기 때문이다. 삶의 성공과 행복을 위해 정진하고 있는 독서광 둘의 이야기를 책 속에 담았다.

장충중학교 진로교사
가톨릭대학교 겸임교수
김원배

목차

1장

책 속으로
여행을 떠나자

01

책을 읽는
이유에 대하여

책으로 삶의 방향이 바뀌다.   김원배

　나무는 자라면서 나이테를 만든다. 그래서 나이테를 관찰하면 그 나무의 연륜을 알 수 있다. 나무들마다 서로 다른 나이테가 있는 것처럼, 사람들에게도 저마다의 나이테가 있다. 그런데 사람의 나이테는 단순히 나이를 먹는다고 해서 생기는 것이 아니다. 책을 읽어야 생기는 지식의 나이테이다. '사람은 책을 만들고, 책은 사람을 만든다.'라는 말이 있듯이, 어떤 책을 얼마나 읽었는가 하는 것에 따라 서로 다른 사람으로 성장하게 되는 것이다. 그러나 책을 읽는다고 해서 모두 같은 나이테를 만드는 것은 아니다

책을 읽기는 하되 읽는 시늉만 내면서 별다른 가치 있는 지식을 얻지 못하는 사람도 있고, 공을 들여 읽어서 책으로부터 풍성한 소득을 얻고 삶의 질을 향상시키는 사람도 있다. 자신이 제대로 이해하고 있는지를 점검하고 문제가 있을 경우 그것을 해결하기 위해 독서 방법을 적절하게 조절하는 것, 읽어서 알게 된 내용을 활용하는 방안을 궁리하는 것 등이 공들여 독서해야 하는 이유이다.

성찰이라는 사전적인 의미는 '마음속으로 깊이 반성하여 살피는 것'이다. 대개 사람들은 문제가 발생하면 자신의 내부 보다는 외부에서 그 원인을 찾으려고 한다. 그러다 보니 내부에 대해 제대로 살피지 못하는 경우가 있다. 그러므로 문제 해결에 있어서 먼저 자신의 생각이나 행동들을 돌아봐야 한다.

자기 성찰은 반성에 머물지 않고, 과거를 돌이켜 봄으로써 새로운 자신으로 거듭나는 것을 의미한다. 자신의 부족함을 바라보는 것으로 그치는 것이 아니라 자기 부족함을 채워가기 위해 노력해야 한다는 것이다. 공자는 자기성찰을 중요시 여기면서 "내성불구(內省不疚), 즉, 내면을 돌이켜보아야 근심과 두려움이 없다."라고 말했다. 증자는 "일일삼성(一日三省), 매일 세 번 반성한다."라고 가르쳤다. 노자는 "남을 아는 것이 지혜라며, 자기를 아는 것이 밝음이다. 남을 이기는 것이 힘 있음이라면 자기를 이기는 것은 정말로 강한 것"이라고 말했다.

『세상을 읽는 통찰의 순간들』에서 김경준 작가는 "인간의 삶에서 몸담고 있는 물리적 공간 자체보다 그 공간에서 보내는 시간을 어떤 마음으로 무엇을 하면서 보내느냐가 더 중요하다, 모든 현실은 결국 마음이 지어내는 것"이라고 말한다.

성찰은 개인의 성장과 발전을 위한 강력한 도구가 될 수 있다. 시간을 내어 자신의 경험을 되돌아봄으로써 우리는 실수로부터 배우고, 강점과 약점을 파악하고, 자신과 타인에 대해 더 깊이 이해할 수 있다.

조너선 레이몬드는 "솔직하게 약점을 인정하는 태도가 가장 강력한 강점이다. 약점을 인정하는 순간 다른 사람들이 얕잡아 볼 것이라는 생각은 일종의 강박관념이다. 두려움을 거두고 마음의 문을 열면 인생에서 가장 힘든 교육이 찾아온다. 바로 자신의 약점과 한계를 솔직하게 인정하는 태도야말로 가장 강력한 강점이라는 사실이다. 이러한 깨달음은 우리를 자유롭게 한다."라고 말한다. 강점과 약점을 파악하여 성장하기 위해서 우선적으로 해야 할 것은 자기 성찰이다. 세상에 그냥 이루어지는 것은 없다. 이 지구상에 존재하는 모든 것은 이유가 있다. 개인의 성장과 발전에도 원인과 결과가 있다.

성찰에 참여하는 방법에는 여러 가지가 있다. 어떤 사람들은 자신의 생각과 감정을 정기적으로 기록하는 일기를 쓰는 것이 도움이 된다고 생각한다. 다른 사람들은 명상하거나 자연에서 시간을 보내거나 신뢰할 수 있는 친구나 멘토와 대화하는 것을 선호할 수 있다. 나는 새벽 3시에 일어나서 모닝페이지부터 작성한다. 차 한잔을 들고 시재에서 내학노트 한 페이지 이상 정도의 글을 쓴다. 주제는 딱히 없다. 하루 일과에 대한 반성을 쓰기도 하고 삶의 방향성에 대해서도 쓰게 된다. 글을 쓰면서 나 자신을 되돌아보는 것이다.

겉으로는 쿨한 것 같지만 열등감이 많았었다. 학창시절 공부를 제대로 하지 않아서 학력과 공부에 대한 열등감이 심했었다. 교과서 회의나 진로교사 회의에서도 학력에 대한 열등감을 갖고 참여하다 보니 제대로 된 내 의견을 말할 수 없었다. 회의를 다녀오면 모닝페이퍼에 그 당시의 상황을 적는다. 이렇게 한 페이지 한 페이지 적어가면서 열등감을 하나씩 땅속에 묻으면서 살아가고 있다.

두 번째 성찰 방법은 독서다. '지식을 아무리 퍼 먹어도 자발성이 없으면 말짱 헛공부'라는 말이 있다. 독서도 아무리 많이 해도 자발적으로 성찰 없이 읽으면 말짱 헛독서가 된다. 책을 읽는 것에도 두뇌와 체력에 못지않게 읽고자 하는 자발성과 적극성이 중요하다. 똑같은 시간에 책을 읽어도 자발적으로 책을 읽은 사람과 누군가 권유나 시켜서 읽은 사람 간 차이는 실로 크다. 자신의 의견을 적극적으로 개진하는 일이 몸에 익숙지 않은 사람이 어느 날 갑자기 자기 의견을 잘 표현하게 되는 경우는 드물다. 수천 권의 책을 읽어도 변화가 없는 사람이 있다. 자발적이고 성찰하면서 읽지 않았기 때문이다. 이런 사람은 아무리 책 속에서 지식을 파먹어도 머리에 많은 것이 남지 않고 다시 머릿속에서 빠져나간다. 자발적으로 성장하면서 책을 읽는 사람은 스스로 동기부여를 잘하게 되고 아무리 힘든 일도 거뜬히 해내곤 한다.

전반적으로 성찰은 우리가 더 자각하고, 다른 사람과의 관계를 개선하고, 개인으로서 성장하는 데 도움이 될 수 있는 귀중한 방법이다. 우리가 개인적인 경험을 반영하든 직업적 어려움을 반영하든, 이 과정에 참여하는 데 시간을 할애하면 더 큰 이해, 공감 및 개인적 성장으로 이어질 수 있다.

독서는 일상생활에서 접할 수 없는 새로운 아이디어, 관점 및 경험을 얻을 수 있다. 그것은 우리의 지식을 넓히고 세상 속에 도전하며 다르게 생각하도록 아이디어를 준다. 책을 읽을 때 저자와 대화를 나누며 이는 새로운 통찰과 이해로 이어질 수 있다. 또한 독서는 자기 관리의 한 형태이자 긴 하루를 보낸 후 긴장을 푸는 방법이 될 수 있다.

독서와 자기 성찰을 결합하면 우리 자신과 주변 세계에 대한 이해를 깊이 있게 할 수 있다. 일상생활에서 믿음에 도전하는 책을 읽고 우리의 관점이 어떻게 바뀌었는지 반성할 수 있다. 독서모임이나 지인들과의 관계에서 책 속의 문장을 적용하고 활용하는 방법들을 배울 수도 있다.

자기 성찰과 독서는 개인의 성장과 발전으로 이어질 수 있는 아주 유용한 습관이다. 이러한 습관을 정기적으로 수행함으로써 우리는 더 큰 자기 인식을 얻고 관점을 넓히며 더 공감하는 개인이 될 수 있다. 스트레스와 불안을 관리하고 긴장을 푸는 방법을 제공한다. 독서와 자기 성찰을 우리 삶의 일상적인 부분으로 만들고 다양한 경험을 제공하기 때문에 적극적으로 깊이 있게 책을 읽어야 한다.

『독서는 어떻게 삶의 무기가 되는가』의 저자인 허필선 작가는 "독서를 통해 일정한 성과를 얻거나 변화를 가져오고자 한다면 충분한 양이 채워져야하고 그것을 바탕으로 임계점을 돌파해 질적 변화를 가져올 수 있다."라고 말한다.

40대 중반까지 아무 생각 없이 책을 읽었다면 40대 중반 이후는 내 삶에 목적을 가지고 책을 읽기 시작했다. 본격적으로 작가가 되기 위해 읽기 시작한 것은 2019년부터다. 책을 본격적으로 쓰기 위해서는 할 이야기가 많아야 했다. 그 이야깃거리를 책 속에서 찾고자 했다.

책을 쓰고 전국으로 강연을 다닌다. 2019년『청소년을 위한 진로멘토링38』을 출간하고 도서관이나 학교로 강연을 다니기 시작했다. 강연자료를 만들고 강의 원고를 쓰면서 말하는 연습을 하고 강의를 했었다. 초창기 강연은 정말로 창피할 정도로 제대로 말을 하지 못하면서 시간을 때웠다. 외부 강연 횟수가 늘어나면서 강의 원고를 보지 않고도 강의가 되는 신기한 경험을 하게 된다. 뇌가 변하는 것일까. 정말 나에게 임계점에 넘어선 것일까 하는 생각이 들 정도였다.

매일 새벽 책을 읽으면서 나는 서서히 변하기 시작했다. 내 감정이 조절되고 사람들 앞에서 나의 주장을 조리 있게 표현하기 시작했다. 성찰하면서 책을 읽은 결과다.

공부하는 인생은 평생 청춘이다.   장은주

평소 자주 쓰는 말들을 떠올려보자. 가끔은 자신이 어떤 언어들을 많이 쓰고 있는지 살펴볼 필요가 있다. "나이가 들어서 기억이 안 나.", "요즘 자주 깜빡해. 오늘이 그날이었어?" 사람들과 대화를 하다 보면 이런 말을 종종 듣게 된다. 혹시 이런 말들을 자주 하지는 않는가. 주변 사람들도 나이가 들면서 기억력이 예전 같지가 않다고 난리다.

지인들 중에 깜빡하고 약속이나 모임을 잊는 사람도 많다. 어느 날 저녁 모임에 한 멤버가 안 보였다. 급히 연락을 해서 물었다. "어딜 간 거야?" 그랬더니 "아침에는 생각하고 있었는데 저녁에 생각이 전혀 안 났어요."라는 대답을 했다. 나이가 들면 아침에 생각하던 일도 그렇게 저녁에 깜빡 생각이 안 날 수도 있다. 기억력이 떨어진 이유가 어디 있을까. 꼭 나이 때문은 아닌 것 같다.

휴대폰 하나만 있으면 다 해결해 줄 것 같은 세상이다. 하지만 기계에 의존하는 건 한계가 있다. 기계가 내 정신마저 챙겨주지는 않는다. 간단한 일정들은 스스로 의식하며 살아야 한다. 그렇지 않으면 중요한 것들을 놓치기가 쉽다. 기억력뿐만 아니다. 나이가 든다는 걸 생활 곳곳에서 느끼고 산다. 몸이 예전 같지 않을 때 더 그렇다. 계단을 오를 때나 잠시 외출을 해도 피로감을 자주 느낀다. 평소 관리를 해도 문득 그런 순간들이 있지 않은가. 세월의 무게는 내가 인식하지 못하는 사이 온몸으로 다가온다. 더구나 별것 아닌 것에도 마음의 피로가 느껴지면 만사가 귀찮고 하던 일들이 짜증스럽다. 세상은 그대로인데 혼자만 짐을 다 지고 있는 듯 괴롭다. 그럴 때 책에서 위로를 얻는다.

김승호 회장은 그의 책 『생각의 비밀』이란 책에서 "청춘을 너무 그리워하지 말라."라고 했다. 청춘은 이사하던 날 아침처럼 어수선한 시기일 뿐이라고 하며 이사 후에 잘 정리된 집에 앉아 차 한잔 마시는 모습이 훨씬 아름답다고 덧붙였다. 우리는 도대체 무엇이 두려운가. 나이 들어 죽어가는 것이 두려운지 아니면 늙기 전에 죽는 것이 두려운지. 그 대상을 생각해보면 때론 마음이 홀가분할 수 있다. "문이 하나 닫히고 나면 새로운 문이 열리기 마련이다. 호기심만 간직한다면 죽음도 궁금할 수 있다."라는 말이 깊이 와 닿는다.

나이가 들어가는 것을 막을 수는 없다. 하지만 즐길 수는 있는 방법은 있다. 바로 호기심이다. 세상을 향한 끊임없는 호기심이 있으면 된다. 그러면 좀 더 우아하게 나이들 수 있을 것 같다. 어떤 걸 봐도 감흥이 없고 무료하다면 호기심을 기워야 한다. 호기심이란 많은 에너지를 만들어내다. 호기심을 가지고 움직이다 보면 재미있는 일들이 많아진다. 지나간 날들을 그리워하기보다 앞으로 다가올 시간에 대한 희망도 가질 수 있다. 나이가 들수록 호기심을 가지고 끊임없이 공부해야 한다. 공부하지 않으면 발전이 없다.

미래학자 앨빈 토플러는 이런 말을 했다. "21세기의 문맹은 읽고 쓸 줄 모르는 사람이 아니라 배우고, 배운 것을 일부러 잊고, 다시 배우는 능력이 없는 사람이다."

이처럼 지금의 문맹은 글을 모르는 사람이 아니다. 바로 배우는 능력이 없는 사람이 문맹이다. 학교를 졸업하고 더 이상 공부하지 않는 사람을 주변에서 많이 본다. 학교에서의 배움에 그쳐서는 안 된다. 세상이 자꾸 변하는데 배우지 않는 사람은 평생 문맹으로 살 수밖에 없다. 현재를 살면서도 생각은 과거에 머물러 더 이상 변화도 발전도 없다. 현실에 안주한 채 늘 제자리걸음이다. 그저 상황을 탓하며 시간만 허비하며 산다. 21세기에는 새로운 능력이 필요하다. 기존에 알던 것들을 버리고 새로운 지식과 기술을 받아들일 수 있는 능력이다. 이런 능력을 얻기 위해서 어떤 상황에서든 공부하는 자세를 지녀야 한다.

아이들이 어릴 적 캠핑을 자주 다니곤 했다. 그 당시에 마련했던 캠핑

장비들이 아직도 집에 가득하다. 이제는 잘 사용하지 않고 창고에 고스란히 있지만 인근에 좋은 캠핑장을 찾아다니던 시절이 있었다. 7년 전 큰아이가 막 초등학교에 입학했을 때도 학부모들과 친목도모를 위해 캠핑을 갔다. 고기를 구워먹고 의자에 앉아 있을 때도 쉴 새 없이 육아 이야기를 나누며 나름 즐거웠다.

한창 이야기를 나누다 쉬려고 텐트에 들어가 책을 읽는데 아이 친구 엄마가 다가와서 말을 걸었다. "언니, 이 나이에 무슨 책이에요. 학교 졸업한지가 언젠데 아직도 공부를 해요?"라며 나를 이상하게 쳐다보았다. 이렇게 밖에 나와서 책을 보는 내가 이해되지 않는 표정이었다. 그녀는 나보다 한창 어렸는데도 공부나 자기 계발에는 관심이 없고 오직 아이밖에 몰랐다. '아, 저 엄마랑 나눌 이야기의 범위는 딱 육아, 거기까지겠구나.' 하는 생각이 들었다. 가끔 공부라는 단어를 보면 그때 그 동생의 눈빛과 말투가 떠오른다. 어찌 공부가 학교 졸업하고 끝난단 말인가.

사실 우리는 학창 시절에 공부를 한 게 아니다. 시험을 위한 암기만 열심히 했을 뿐이다. 그런 공부는 남는 게 없다. 학교에서 하는 공부는 진정한 공부와는 거리가 멀다. 지금에 와서 무엇이 남아 있는가. 학위가 한 사람을 온전히 말해주지는 않는다. 그저 결과를 따지기 위한 순간적 노력을 한 것이다. 테스트를 통과하기 위한 공부는 힘이 들고 스트레스가 많다. 하지만 자발적으로 하면 받아들이는 자체가 다르다. 무언가를 스스로가 이해할 정도로 완벽하게 해내는 자세로 하게 된다. 결국 깨달음이 있을 때 진정한 공부라 할 수 있다.

나이가 들어 필요에 의해 자발적으로 하는 게 진정한 공부다. 사실 이런 공부가 즐겁고 오래간다. 공부를 하면 궁금한 게 많아지고 질문이 생긴다. 호기심이 생겨서 질문하는 것, 그게 진짜 공부라 할 수 있다. 그 과정에서 자신의 성장을 느끼면 무엇보다 뿌듯하다.

"어렸을 때는 부모와 스승이 나를 키워주었고 장년기에는 같은 직장의 동료들이나 친구들과 함께 성장할 수 있었다. 그러다 혼자가 되면 내가 나를 키워야 한다. 공부하는 일을 계속하려는 노력을 게을리 해서는 안 된다."

최고령 수필가이자 철학자이신 김형석 교수님이 『우리 행복합시다』라는 책에서 하신 말씀이다. 1920년에 태어나 100세가 넘어서도 꾸준한 활동을 하고 있는 비결이 바로 공부라고 하셨다. 그 정도면 충분할 것 같은데도 공부하려고 노력하시는 모습은 삶 자체로 많은 메시지를 준다. 아무리 인생을 오래 살아도 공부에 끝이 없는 듯하다.

"외국어는 해낼 수 있다는 긍정적인 마음으로 도전했을 때 더 좋은 성과를 얻는 법. 이것이 바로 공부하는 노동자의 자기위로와 존중의 한 방법이다. 자기 자신을 잘 알고 집중력을 최적화시킨 후 새로운 지식을 받아들이는 과정이 바로 공부다."   – 한동일, 『그래도 꿈꿀 권리』

  흔히 말하듯 공부는 머리가 아니라 몸으로 하는 것이다. 항상 같은 시간 같은 자리에서 공부하는 습관을 기르라는 말은 공부하는 자세를 그대로 보여준다. 공부도 앉아서 하는 노동이다. 그래서 '공부하는 노동자'로 살려면 끈기가 있어야 한다. 정말 무엇을 공부하고 싶은지 생각하고 최선을 다한 후에 오는 공허함을 느껴보라는 책 속의 말이 경건하게 들린다. 얼마만큼 최선을 다했는지 그때의 쾌감은 자신이 잘 안다. 그렇게 한 단계씩 올라갈 때의 기쁨을 느껴봐야 더 하고 싶어진다. 넘어지고 깨지고 좌절하면서 어느 순간 툭툭 털고 일어나는 것. 그 과정에서 점점 더 발전하는 모습으로 인해 보람을 느끼면 삶이 얼마나 뿌듯할까. 그런 순간들을 많이 경험하면 좋겠다.

  공부라는 말이 참 지루하게 들릴 수도 있다. 하지만 나이가 들어도 성장하는 삶을 살고 싶다면 필수다. 공부의 본질은 바로 성장에 있다. 내가 좋아하고 기쁨을 느낄 수 있는 일을 찾아 공부해 보자. 좋아서 계속하다 보면 잘하게 되고 어느새 성장해 있다. 그 공부를 남에게 전해줄 때 더 의미가 있지 않은가. 공부해서 남 주는 것, 이것은 선한 영향력을 미치는 좋은 방법이다. 가르치고 나누어주기 위해 공부할 때 더 집중하게 된다. 모든 성장의 원동력은 공부에 있다. 별다른 문제 없이 편안하게 사는 사람은 없다. 살면서 얼마나 많은 문제와 마주하게 되는가. 뜻하지 않게 마주하는 일들을 잘 해결해 나가기 위해 평소 공부하는 자세를 지녀야 한다.

알버트 아인슈타인도 "삶이 끝날 때까지 잃어버리지 말아야 할 것은 신성한 호기심이다."라고 했다. 호기심을 가지고 노력하며 공부하는 인생은 평생 청춘으로 살 수 있다. 청춘으로 살기 위한 방법 중 하나가 바로 독서다. 뇌를 젊게 하고 오래 재미있게 살고 싶은 마음이 든다면 책을 읽자. 책을 읽으면 뇌가 업그레이드된다. 책을 가까이하며 살아야 젊음을 유지할 수 있다. 이렇듯 나이가 들수록 공부가 필요한 건 공부가 아닐까 싶다.

인생의
의미를 찾아서

삶의 끝자락에서 책을 만나다.

김원배

차를 운전해서 교문을 빠져나왔다. 어디로 가야 할까? 목적지도 없이 운전석에 앉아서 엑셀을 밟았다. 약수사거리를 지나 금호터널을 빠져나가면서 아내에게 문자만 보냈다.

"여보, 미안해, 나 기다리지 말아줘."

그리고 스마트폰 전원을 꺼버렸다. 나의 잘못된 행동들과 결과들이 만천하에 드러나는 순간이었다. 집으로 들어가는 것도 겁났고, 아내와 아이들 얼굴을 보는 것도 미안했다. 어디부터 잘못된 것일까?

옥수터널을 벗어나 동호대교를 지나면서 나도 모르게 눈물이 난다. 동호대교에서 올림픽대로로 방향을 바꿔서 내려가다가 한남대교로 진입하면서 경부고속도로로 진입했다. 내 문자를 받은 아내는 엄청난 충격을 받았을 것이다. 전화기는 꺼져 있을 것이고 답답하기는 아내도 마찬가지였을 것이다. 어쩔 수 없는 상황이다. 다시 서울로 돌아오지 못할 것 같다는 생각이 들었다. 경부고속도로를 달리는 것도 마지막이라는 생각을 하니 눈물은 쏟아지고 심장은 쿵쿵 울리기 시작한다. 엑셀을 더욱 세게 밟았다. 자동차는 무서운 속도로 고속도로를 질주하기 시작했다.

나에게 왜 이런 일이 벌어진 걸까? 나는 닥쳐올 미래가 불안하고 무서워서 집을 나왔다. 가족들에게는 미안한 마음뿐이지만 도저히 가족들의 얼굴을 볼 염치가 없다. 친구의 꼬임에 빠져 맞벌이하면서 모은 재산이 모두 먼지가 되어 흩어질 상황이다. 미리 아내와 의논하고 조언을 구했더라면 사채업자에게 돈 갚으라는 협박은 받지 않았을 것이다.

내가 저지른 무서운 일들이 머릿속으로 가득 차오르면서 더 이상 살 가치가 있을까? 라는 생각이 들기 시작했다. 막상 집을 나서니 내가 갈 곳은 어디에도 없었다. 학교만 성실하게 출퇴근 한 나는 맘 편히 찾아가서 속내를 이야기할 수 있는 지인이 하나도 없다는 현실에 또 한 번 실망감이 들었다.

안성쯤에서 평택 방향으로 운전대를 틀었다. 장고항에서 낚싯배를 운영하며 지내고 있는 신대표를 만나기 위해서다. 자주 뵙지는 못하지만 지금의 나의 상황을 들어줄 수 있을 것 같았다.

"아니 김샘 어쩐 일이에요?"

갑자기 등장한 나에게 뭔 일 있냐고 물으면서 편히 하루 쉬다 올라가라고 했다. 쉴 수 있는 방을 내어주고 저녁을 먹으면서 일상적인 대화들이 오고 갔다. 차마 내 심정을 터놓을 수 없었다. 사기를 당해서 수억의 빚을 지게 생겼다는 이야기가 입 밖으로 나오질 않았다. 신대표는 장고항으로 갑자기 찾아온 이유를 더 이상 묻지 않았다.

태양이 서해바다 속으로 숨어 들어가고 어둠이 깔리기 시작했다. 숙소에서 나와 바닷가로 걸어갔다. 바다 멀리에는 고기잡이 배들의 모습이 보이고 하늘에는 반짝반짝 별들이 밝게 빛나고 있다. 왜 이런 상황까지 몰고 왔는지 생각할수록 가슴이 미어진다. 장고항 끝자락에 앉아서 멍하니 먼 바다를 바라봤다. 모든 것을 여기서 마무리하고 싶었다.

"소주 한잔할까?"

신 대표는 소주와 안주를 가지고 옆에 앉으면서 내 맘을 살피는 것 같다.

"김샘, 뭔 일인지는 묻지 않을게요. 그냥 오랜만에 왔으니 나와 소주 한잔하고 숙소로 들어갑시다. 김샘 집에는 내가 얘기 했어요. 여기 내려왔다고."

신 대표와 밤새도록 얘기를 하면서 혼잡하게 흔들렸던 마음들이 진정되기 시작했다. 멍청한 짓을 또 한번 하려 했던 마음이 괴롭고 혼란스러웠다.

대학교 졸업하자마자 취업을 하고 바로 결혼을 했다. 작은 봉급이지만 아내와 맞벌이하면서 차곡차곡 저축도 하고 집의 평수를 늘려가는 재미가 있었는데 한순간의 잘못된 선택으로 모든 재산을 잃는 상황이 벌어진 것이다. 서울 중심에 자리 잡은 터전을 팔고 싶지는 않았지만 봉급에 차압 들어오는 것을 피하고 내가 신용불량자로 낙인찍히지 않게 하기 위해서 아내는 집을 팔고 이사를 가자고 했다. 10년간 공든 탑이 무너지는 순간이다.

1999년에 장만한 28평 아파트를 팔고 전셋집으로 이사를 했다. 집은 좁아졌고, 엘리베이터도 없는 4층까지 걸어 다녀야 하는 불편함도 감수해야 했다. 두 아들이 한창 초등학교 시기에 아내와 거의 매일 돈 문제로 다투었다. 아이들은 집에 들어오길 무서워했고, 점점 엄마 아빠를 멀리하기 시작했다. 10년을 모아야 될 거액을 한순간에 날려버렸으니 내가 가장 큰 죄인이다.

가족을 힘들게 하고 재산도 지키지 못한 이유는 뭘까? 나의 욕심과 세상을 쉽게 살려 했던 마음가짐 때문이 아닐까? 라는 생각이 들었다. 아내의 용서가 지금의 나로 성장하게 했다. 아내와 아이들이 가장 힘들었을 세월들을 나는 어떻게 보상을 해야 할 것인가 고민을 했다. 나의 미래에 대해 생각 없이 술을 마시면서 살았던 지난 세월을 후회하며 나의 길을 찾아보려 했다.

어느 날. 교장선생님과 식사를 하게 됐다. "김샘은 잘하는 게 뭐예요?" "네, 지금까지 생각해 보지 않았네요." 사십이 넘었는데도 내가 뭘 잘하고 좋아하는지 생각하지 않았다. 교장 선생님 질문이 없었더라면 평생 잊고 살 뻔했다. "자기 운명은 스스로 개척하는 거예요. 김샘도 교사지만 자기의 운명을 남에게 맡기지 말고 스스로 개척해 봐요."라는 말씀을 평생 간직하며 살고 있다. 그날 이후 내가 할 수 있는 일이 뭘까? 내가 잘하는 것이 뭘지 찾기 시작했다. 아침에 일찍 일어나니까 이 시간에 책을 읽어볼까 하는 생각도 해봤고 새벽 시간에 운동을 다녀볼까도 생각해봤다.

친구에게 떼인 2억을 갚는데 10년이 걸렸다. 10년 동안 아내에게나 부모님에게 죄인이었다. 이 기간 동안 가장 힘들었던 이유는 뭘까? 아내와 상의 없이 내 맘대로 친구에게 돈을 빌려주고 받아내지 못한 것이 가장 힘든 이유일 것이다. 삶이 힘든 사람들은 외부적인 요인이나 인생의 전환시기, 개인적인 기대가 못 미치기 때문일 것이다 이 중에서 자신과 삶에 대한 기대가 삶을 힘들게 만들 수 있다. 비현실적인 목표나 기대를 스스로 설정한다면 그 삶은 피곤하고 스트레스 받으면서 불행한 삶을 살 것이다. 터무니없는 이자를 준다는 말에 속아서 친구에게 거액을 돈을 넘긴 나의 상황처럼 비현실적인 기대가 나의 10년을 잃어버리게 만들었다.

C. S. 루이스는 "고난은 종종 평범한 사람들에게 운명을 준비시킵니다."라고 했다. 앞으로의 남은 삶을 정신 차리고 살라고 고난을 미리 준 것 같다.

빅터 프랭클은 『죽음의 수용소』에서 "사람이 일단 의미를 찾는데 성공하면 그것이 그에게 행복을 가져다줄 뿐 아니라, 시련을 견딜 수 있는 힘도 준다. 그렇다면 의미를 찾으려는 노력이 허사로 돌아갔을 경우에는 어떻게 될까? 아주 치명적인 결과가 나타날 수도 있다."라고 말한다. 잃어버린 10년 속에서 삶의 의미를 찾으려고 했기에 지금의 내가 존재하는 것이다. '내가 할 수 있는 일이란 무엇일까?'를 끊임없이 찾아 다녔다. 백세시대를 살면서 평탄한 삶만 있다면 행복할 것이다. 그렇지만 삶은 그다지 평탄하지 않은 것 같다. 힘든 삶을 어떤 의미를 가지고 살아갈 것인지가 중요한 것이다.

나처럼 책을 읽고 글을 쓰면서 삶의 의미를 찾을 수도 있고, 등산이나 트레킹을 하면서 삶의 의미를 찾을 수도 있을 것이다. 각자의 취향대로 선택하면 되는 의미들이다. 중요한 것은 누구에게나 각자에게 주어진 삶의 의미는 존재한다는 것이다. 그 의미를 찾는 과정이 배움과정이다. '나는 어떤 삶을 살고 있는가?'라는 질문에 스스로 답을 해보자. 책을 읽음으로써 긍정을 배우게 되고 세상을 살아가는 방법을 배우게 됐다.

책에서 긍정을 발견하다.

장은주

하루를 잘 사는 데 무엇이 필요할까. 사람들마다 기준이 다르겠지만 목표한 걸 이루어내려면 시간, 돈, 의지, 끈기가 있어야 한다. 어느 것 하나라도 빠지면 힘들다. 오늘 하루를 잘 살고 마음먹은 걸 해내기 위해 챙길게 부단히 많다. 그 가운데 무엇보다 필요한 건 긍정적인 마음이 아닐까 싶다. 가끔 보면 머릿속은 온갖 걱정 창고 같다. 종일 무수히 많은 생각들이 들어갔다 나간다. 정말 오만가지 생각으로 마음이 복잡해져 깨끗하게 비우고만 싶어진다. 쓰레기통은 꽉 차면 자주 비우는데 머릿속은 그렇지가 않으니 스트레스를 고스란히 담고 있다. 머릿속에 과연 좋은 생각은 얼마나 될까. 끊임없이 감정의 동요를 받으며 사는걸 보면 좋지 않은 생각들이 대부분이다.

세계적인 동기부여가 토니 로빈스는 이런 말을 했다.

"인간은 가만히 두면 행복해지는 존재가 아니다. 가만히 두면 오히려 부정적으로 변한다. 그렇기 때문에 부정적인 마음을 끊어내고 긍정적인 것들로 삶을 채워야 할 필요가 있다."

이 말처럼 사람은 긍정적인 존재가 아니다. 가만히 있으면 한 가지 생각이 꼬리를 물고 계속 이어진다. 쉴 새 없이 또 다른 생각을 만들어내 부정적인 생각은 끝도 없게 된다. 애써 긍정으로 채우지 않으면 온통 부정적인 생각뿐이다. 그렇게 긍정보다는 부정적인 생각을 더 많이 하며 산다.

"누군가 자신의 뇌를 긍정적이고 창조적인 생각을 표출하는 데 사용하지 않으면, 자연스레 부정적인 생각을 떠올리도록 유도해 뇌의 공간을 채워 넣는다고 한다."

『아웃 오브 박스』의 오상진 작가가 한 말도 비슷하다. 이 생각 저 생각 하다보면 미래에 대한 걱정과 불안이 스멀스멀 올라온다. 부정적인 생각을 떠올리도록 유도해 공간을 채워 넣는다고 하니 생각이 이토록 무섭다.

어떤 순간에도 긍정을 선택하자. 물건을 고를 때도 좋은 것을 선택하려고 애쓴다. 음식을 먹을 때도 마찬가지다. 같은 돈을 지불하고 먹는데 되도록이면 맛있는 집을 찾아간다. 어떨 때는 식당에 가는 일보다 검색하는 게 더 피곤하다. 사람을 만나는 일도 그렇다. 좋은 사람과 오랫동안 함께 하고 싶으면 만남을 잘 선택해야 한다. 그래야 발전이 있다. 우리의 삶을 결정하는 생각은 더욱 그렇다. 굳이 부정을 선택해서 힘든 길로 갈 것인가. 긍정저인 마인드로 무장하고 있어도 험나한 시대를 잘 살아내기란 어렵다. 나도 모르게 부정적인 것들로 마음이 가득 채워지기 전에 긍정을 선택하도록 노력해야 한다.

우리가 아는 긍정이란 무엇인가. 긍정은 좋음이나 행복함의 의미가 아니다. 그냥 있는 그 상태를 받아들이고 인정하는 것이 진정한 의미의 긍정이다. 어떤 환경과 사물을 자연스레 받아들이면 좋은 것도 나쁜 것도 없다. 모든 것은 그렇게 존재하는데 내 생각이 만들어내는 결과다. 괜한 걱정을 할 필요가 없는데도 늘 걱정으로 몸도 마음도 힘들어진다. 긍정적인 사고를 해야 할 이유는 넘쳐난다.

긍정적인 사고를 하면 신체가 건강해진다. 존스홉킨스 의과대학 연구에 따르면 "긍정적인 사람들은 부정적인 사람들보다 심장마비나 다른 관상동맥 질환을 앓을 가능성이 13%나 낮다."라고 한다. 건강을 위해서라도 긍정적인 사고를 하려고 애써야 한다. 어쩌면 공포스런 장면보다 더 무서운 게 사람 마음이 아닐까. 마음을 잘못 다스리면 삶은 순식간에 무너진다. 모든 건 한순간인데 잠깐의 행동이 많은 그릇된 결과를 불러오니까. 끔찍한 장면은 잠시 스쳐 지나가지만 마음이 흘러가는 건 끝도 없다. 부정적인 생각의 늪에 빠지면 해결할 방법이 없다.

언젠가 걱정이 한가득 몰려와 마음이 답답했다. 고구마를 백 개쯤 우적우적 씹다가 턱 하고 막힌 듯 일이 손에 안 잡혔다. 며칠 동안 밤잠을 설쳤다. 아침마다 몸살이 난 듯 괴로워 눈을 뜨기조차 힘들었다. 피곤이 가득 쌓인 채 일을 하려고 하니 진도가 안 나갔다. '그래, 이럴 때는 차라리 쉬는 게 좋겠어.' 자리를 잡고 누웠다. 누워 있으면 좀 편해질까 했는데 갑자기 몰려오는 걱정들로 다시 머리가 지끈거렸다. 조용히 생각에 잠겼다. '도대체 원인이 뭘까?' 마음이 힘드니 몸까지 아픈 것인가, 아니면 몸이 아프니 마음이 괴로워진 건가. 몸과 마음 건강 중 어느 쪽이 먼저인지 궁금해졌다. 그 원인을 찾느라 또 생각에 빠졌다.

사실 몸이 아프면 큰 병이 아닐 경우 시간이 해결해 준다. 약을 먹고 어느 정도 휴식하면 회복된다. 그런데 마음이 힘들면 약이 소용이 있을까. 마음의 병은 금방 낫지 않는다. 시간이 지나도 알 수가 없다. 꾸준히 약을 먹어도 해결되지 않을 때가 많다. 몸이 멀쩡해도 마음이 힘들면 뚜렷한 답이 없다. 어떤 일로 걱정이 가득할 때 '마음 비워라. 그래야 산다'는 말을 자주 들었다. 그런데 마음을 비우는 게 어디 쉬운 일인가. 마음을 치유하는 게 제일 어렵다. 여러 가지로 볼 때 정신건강이 더 중요하다는 결론을 얻었다. 무엇보다 마음을 돌보는 게 먼저다. 내 마음이 어떤지를 살피고 챙기는 일에 더욱 신경을 써야 한다. 그렇지 않으면 부정적인 생각들이 끝없이 비집고 들어온다. '아, 이 때다!' 하면서 기회를 잡고 들어와 있는다. 그리면 이느 순간 헤어나지 못할 정도로 우운해진다.

의욕이 없고 기분이 바닥으로 떨어질 때 무엇으로 마음을 달랠까. 그럴 때 나는 책을 집어 든다. 아무것도 안하고 싶을 때가 많지만 그래도 노력해 본다. 부정적인 생각이 나도 모르게 스멀스멀 올라올 때 알아차린다. '아, 긍정적인 마음이 부족하구나.' 하며 빨간불 신호를 보낸다. 그러면 생각을 멈추고 어떤 책으로 충전할까 고민한다.

에너지를 끌어올릴 만한 책을 찾아 고요한 시간을 보낸다. 그러는 동안 책 속의 저자들이 말을 건네고 위로가 되어줄 때가 많다. 특히 성공한 사람들의 이야기를 듣고 있으면 에너지가 전해져 활력이 생긴다. 책 속의 문장들이 때로는 큰 힘이 되어준다. 그렇게 채워가다 보면 어느새 마음이 홀가분해져 있다. 누군가를 만나 마음을 나누면 좋겠지만 내가 원한다고 해서 당장 만날 수 있는 것도 아니다. 사람을 만난다 해도 마음의 허기가 다 채워지지는 않을 때도 있다. 그래서 어떨 때는 책이 빠르다. 이런 순간의 독서경험은 삶에 있어 절대 긍정을 갖게 하는 원동력이 된다.

어떤 상황과 조건이 나아졌다고 해서 인생이 바뀌는 건 아니다. 사람과 세상을 바라보는 내 관점이 바뀌어야 삶이 바뀐다. 충분히 좋은 환경에서도 비관하고 엉망인 인생을 살아가는 사람이 있지 않은가. 힘든 현실을 지금 당장 어떻게 할 수는 없다. 그러나 그것을 바라보는 내 시선과 생각을 바꿀 수는 있다. 그 현상을 해석하기에 따라 내 삶이 달라지고 나의 관점에 따라 일상으로 금방 돌아올 수 있다. 바꿀 수 없는 환경이 문제가 아니라 내가 그것을 바라보고 생각하는 것이 중요하다. 그래서 책 읽는 사람은 위기에 처했을 때 남다르다. 평소 내면에 스며든 지혜로 원만하게 해결해 나갈 수 있기 때문이다. 그러니 힘들수록 책에 의지하고 치열하게 읽어야 한다.

산다는 건 끊임없이 긍정하고 마음을 다잡는 일이다. 마음의 신호를 잘 따라가야 한다. 그 신호에 귀를 기울이고 있으면 한결 낫다. 부정적인 생각이 내 머리에 들어오는 순간 알아차리고 전환 스위치를 켜자. 부정적인 생각과 단어들을 모두 차단해버려야 한다. 전원을 아예 꺼버리는 것이다. 그리고 가장 바라는 것을 떠올려 본다. 종이에 써보는 것도 좋다. 그렇게 의식적으로 긍정의 마음에 온 힘을 실어야 한다. 마음을 다해 긍정으로 무장하려면 감정을 잘 다스려야 한다. 감정을 잘 조절하는 힘은 바로 독서에서 나온다.

나는 감정을 잘 조절하기 위해 책을 읽는다. 책을 읽으면서 감정을 조절하고 긍정적으로 생각하려고 노력한다. 그러면 좋은 선택을 할 가능성이 높아진다. 책을 읽으면 감정이 어느 정도 차분해진다. 읽으면서 마음을 다스리고 긍정적인 사람이 되려고 노력한다. 긍정은 마음먹는다고 되는 게 아니다. 아무리 긍정적으로 생각하려고 해도 잘 안 된다. 긍정적으로 살기 위해 부단히 노력해야 한다. 그렇게 노력하는 과정에서 얻어진 긍정과 유쾌함은 일과 삶에 있어 가장 큰 원동력이 된다.

03

나는 질문하기 위해
책을 든다

질문에는 놀라운 힘이 숨어 있다.　　　　김원배

　초등학교 동창 모임에 정기적으로 참여를 하고 있다. 어려서부터 함께 자란 친구들이라 만나면 이런 저런 일상적인 대화를 한다. 말 잘하는 친구들을 보면 부러웠다. '쟤네들은 어떻게 말을 저리도 잘하게 됐을까?' 조잘조잘 하는 친구들의 말을 집중해서 듣는 사람은 나였다. 초등학교 친구들과는 그럭저럭 할 얘기가 많이 있다.

　얼마 전 고등학교 모교에서 동문 체육대회가 있었다. 동창 상조회 임원을 맡고 있어서 참여하게 됐다. 고등학교 졸업하고 처음 참여하는 체육대회다. 얼굴과 이름은 기억나지만 깊이 있는 만남은 없었기에 서먹서먹했다. 내가 먼저 말을 걸어보고 싶었지만 어떤 말을 해야 할지 한참을 고민했다. 어떤 질문을 해야 할까? 이것이 걱정 중에 가장 큰 고민이었다.

나는 어릴 적부터 질문을 받는 것도 두려웠고 질문을 하는 것도 두려웠다. 질문을 받으면 답을 잘 못하거나, 잘못된 답을 하면 비웃거나 비난을 받을까 봐 항상 불안했다. 일상생활 중에서 여럿이 하는 활동 보다는 혼자 하는 활동에 집중했다. 어느 곳에 가든지 사람들 많은 곳은 피하고 혼자 있는 삶을 즐겼다. 친구들의 학교 밖 활동에 대해서도 전혀 관심을 두지 않았다. 지금 생각해 보면 생각하는 힘이 많이 부족했던 학창시절이었다. 생각하는 힘이 부족하다 보니 노력하는 만큼 성적이나 결과가 나오지 않고 항상 그 자리에 머물렀던 것 같다.

학창시절 혼자 생활 속에서 공상을 많이 했다면 지금은 독서를 통해 그 공상들을 체계화시키고 시각화해서 실생활에 활용하려 하고 있다. '생각이 아니라 행동이 나를 규정해.'라는 말이 있다. 우리는 공정한 행동을 함으로써 공정해지고 절제된 행동을 함으로써 절제되고, 용감한 행동을 함으로써 용감해진다. 즉 행동으로서 인생이 바뀌는 것이지 생각하는 것으로 인생이 바뀌지는 않는다. 행동하지 않고 생각만 하다 보면 걱정과 부정적인 생각을 하게 된다. 행동하고 실천하는 방법을 나는 책 속에서 배우게 됐다.

진로수업 시간 학생들에게 '너희들은 무엇을 하고 싶어?'라는 질문을 한다. 이 질문은 나의 꿈과 흥미, 적성, 성격과 능력 등 모든 것을 드러나게 하는 질문이다. 지금 학생들뿐만 아니라 성인들도 이 질문에 쉽게 대답하지 못하는 경우도 있다. 나도 얼마 전까지만 해도 이 질문에 대답할 수 없었다. 나는 무엇을 하고 싶은지, 무엇을 좋아하는지, 무엇을 잘하는지도 몰랐다. 나는 그저 나의 생각을 어떻게 표현할 것인지를 몰랐던 것뿐이었다.

교사가 되면서 수업도 해야 하고 여러 사람들과 만나는 횟수가 많아지면서 나도 다른 사람들처럼 이야기를 잘했으면 좋겠다는 생각을 했다. 교사들 모임에서도 듣기만 하지, 내 생각을 조리 있게 이야기하는 것이 나에게는 커다란 문제였다. 정말로 말 잘하는 사람들이 부러웠다. 직장 내에서도 업무나 수업 관련 이야기만 하고 다른 주제의 이야기는 말하기가 겁이 났다. 그러다 보니 어느 순간부터 나는 할 말만 하는 사람이 되어 있었다. 책을 읽던지 공부를 해도 뒤돌아서면 어떤 내용인지 기억이 나지 않는다. 학생들에게 뭔가 재미있는 이야기를 해줘야 하는데 책 속 이야기가 떠오르지 않아서 교과서 내용만 이야기하는 재미없는 수업만 진행을 하게 된다.

책을 읽으면서 중요한 문구나 기억에 남기고 싶은 문구는 노트에 정리하기 시작했다. 책의 내용을 인용해서 이야기하는 것이 아니라 책 내용의 문장으로 사례를 들어 현 상황을 설명하는 식으로 이야기를 이끌어보기 시작했다. 수업 시간에 활용할 이야기들도 책 속에서 찾아 아이들에게 전달하는 방법으로 스토리가 있는 강의를 했다.

내가 획기적으로 내 생각을 조리 있게 말하면서 상대방에게 질문을 던지게 된 계기는 진로교사가 되어 중구 지역 학부모님들 대상으로 '내 자녀 이해하기'라는 주제로 중구 지역 진로교사들과 돌아가면서 강의를 시작하면서부터다. 학생들 가르치는 수업과는 완전히 다른 성인대상 특강을 하기 위해서는 더 많은 준비가 필요했다. 강의 자료를 만들기 위해서 『청소년 감정코칭』,『공부상처』,『흥하는 말씨 망하는 말투』 등의 책을 읽으면서 중요한 문장들을 정리했다. 청소년시기 자녀를 이해하기 위한 부모의 역할에 대해 학교 현장에서의 사례를 중심으로 강의를 했다.

학교 수업뿐만 아니라 외부 강연과 교내에서 학부모 대상 강연을 하게 되면서 독서량이 급격하게 상승하기 시작했다. 목적 있는 독서를 하게 되면서 내 생각을 조리 있게, 그리고 선현들의 말씀을 재구성해서 표현하는 능력이 향상되기 시작했다. 목적을 가지고 시작한 독서는 나 자신을 창의성을 갖추고 질문을 할 줄 아는 사람으로 변화하게 한 것이다.

질문에는 놀라운 힘이 있다. 도로시 리즈는 질문의 힘을 다음과 같이 7가지로 정리하고 있다.

첫째, 질문을 하면 답이 나온다. 질문을 받으면 대답하지 않을 수 없다. 책을 읽으면서 질문을 찾아 읽다 보면 작가의 생각을 이해하게 되고 자신의 성향을 파악하게 된다.

둘째, 질문은 생각을 자극한다. 질문은 하는 사람과 받는 사람의 사고를 자극한다.

셋째, 질문을 하면 정보를 얻는다. 적절한 질문을 하면 필요로 하는 정보를 얻을 수 있다.

넷째, 질문을 하면 통제가 된다. 질문은 대답을 요구한다는 점에서 상황을 통제하는 힘이 된다.

다섯째, 질문은 마음을 열게 한다. 질문을 하는 것은 상대방에게 관심을 보이는 것이므로, 질문을 받으면 과묵한 사람이라도 자신의 생각과 감정을 드러내게 된다.

여섯째, 질문은 귀를 기울이게 한다. 질문을 하게 되면 질문을 받는 사람은 답하기 위해, 질문을 하는 사람은 답은 듣기 위해 서로의 이야기를 경청하게 된다.

일곱째, 질문에 답하면 스스로 설득이 된다. 사람들은 다른 사람의 말보다 자신이 생각해 낸 것을 좀더 쉽게 믿게 된다.

강연을 하고 책을 쓰면서 나는 자신에게 솔직해지고, 자신에게 관심을 가지고, 좀 더 넓은 세상에 도전하기로 했다. 나의 삶의 과정은 내성적이고 소극적인 사람이 어떻게 변할 수 있는지를 보여줬다고 생각한다. 책속의 한 문장이 나를 강연가로 만들고 책을 쓰는 작가로 성장하게 했다. 질문은 두려운 것이 아니라, 재미있고 유익한 것이라고 생각해야 한다. 나는 이제 자신의 모습을 드러내고, 자신의 의견을 말하고, 내가 원하는 것을 선택을 하는 것이 즐겁다. 나는 이제 무엇을 하고 싶은지, 무엇을 좋아하는지, 무엇을 잘하는지 알게 되었다. 나는 삶에 대해 열정적이고 호기심 많은 사람이 되었다. 질문이 두려웠던 내가 변한 것은 독서와 글쓰기의 효과다.

책 속의 질문들이 삶을 바꾸었다.

장은주

'너무도 바쁜 삶의 허망함을 경계하라.'

소크라테스의 이 말을 가만히 들여다본다. 바쁜 삶의 허망함을 경계하라는 메시지가 경고처럼 강하게 들려온다. 주변에 보면 늘 바쁘다는 소리를 달고 사는 사람이 있다. 그들은 "바쁘다 바빠."라는 말을 주문처럼 한다. 마음만 분주하고 주변이 정돈되지 않는 경우도 종종 보게 된다. 게다가 약속을 자주 까먹기도 하고 중요한 일을 놓치기도 한다. 도대체 여유가 없다. 무엇 때문에 이렇게도 바쁜가. 그저 주어진 일정들을 처리하느라 정신없이 살고 있는 건 아닌지. 우리의 일상은 '바쁘다의 연속'이며 의미 없는 일에 마음을 빼앗기고 있을 때도 많다. 매일 쫓기듯 살고 있는 이유를 한번쯤 생각해 보자.

꿈을 향해 달려가는 건 멋진 일이다. 미래를 위해 노력하는 사람의 일상은 얼마나 경외로운가. 분명한 목적을 가지고 노력하는 모습이 때론 감동적이고 눈물겹기도 하다. 그런데 가끔은 그 바쁜 일상을 잠시 멈추는 시간도 있어야 한다. 조용히 앉아 스스로에게 질문하는 시간이 절대적으로 필요하다. '이게 맞나, 이대로 괜찮은가.' 그렇게 질문하지 않고 앞으로 나가기만 하면 힘이 든다. 제대로 가고 있는지 자꾸 질문해야 한다. 나에 대한 질문이 없으면 더 이상 발전도 없다.

사람들은 답을 구하기 위해 애쓰며 산다. 아이들은 배운 것들에서 성적을 얻기 위해 답을 구한다. 어른들은 어떻게 살아야 할지 인생의 중요한 시점에 답을 찾는다. 살면서 답을 요구할 때가 많다. 수시로 그런 순간이 발생한다. 그러나 정작 답보다 중요한 건 질문이다. 좋은 답은 좋은 질문을 통해 나온다. 어떤 질문을 하느냐에 따라 답이 달라지니까. 그래서 평소에 질문하는 연습을 많이 해야 한다. 그런데 질문하지 않으니 대화도 그다지 즐겁지가 않다.

가끔 사람들의 대화를 들어보면 피곤해진다. 글을 쓰기 위해 카페를 자주 가는 편인데 조용히 앉아 있으면 주변의 대화 소리가 들린다. 음악 소리가 아무리 커도 그 소리를 뚫고 들려오는 대화가 있다. '아, 이건 누구를 위한 대화인가.' 주고받는 대화가 아니라 자기 말만 일방적으로 전달하거나 목소리만 큰 사람도 있다. 때로는 상대방의 말에 별다른 반응도 없다. 잘 들어야 궁금한 게 생기고 질문할 수가 있다. 그런데 듣지도 않고 질문도 잘 안 한다. 자기 말만 할뿐 질문에 익숙하지가 않아서 그렇다.

질문을 하고 답을 얻으려면 시간이 필요하다. 그런데 답을 듣기 위해 기다리는 게 힘들다. 요즘은 기다림의 미학이란 게 없다. 아이들에게 질문을 하면 어떤 반응을 할까. 빠르고 단순한 쇼츠와 재미를 추구하는 영상의 시대에 머릿속이 지끈거릴지도 모른다. 생각을 쥐어짜야 하니까. 무언가 생각할 것을 던져주면 힘든 기색을 보인다. 마치 고문을 하는 것 같다. 손안에 있는 폰으로 잠시 검색만 하면 되는데 왜 이렇게 번거롭고 귀찮은 일을 시키는지 모르겠다는 표정이다. 이렇게 생각하는 걸 싫어하는 아이들이 살면서 어려운 상황을 마주했을 때 어떻게 헤쳐 나갈까 싶다.

대부분 소비하기에 바쁘다. 새로 산 물건과 콘텐츠를 보면서 즐거워하고 온갖 영상을 찾느라 시간을 보낸다. 멍하니 앉아서 영상에 빠져들면 시간이 금방이다. 눈앞에 들어오는 정보를 묵묵히 받아들이며 수동적인 자세로 가만히 있기만 한다. 아무 생각이 없다. 어쩌다 번쩍 정신이 들면 "또 이걸 보고야 말았어." 하는 후회가 올라온다. 요즘 뉴스를 보면 희한한 사건들이 많다. 그런 기사를 보면 여러 가지 의문이 생긴다. 상식에서 이해 안 되는 것들이 많기 때문이다. 주변에서 일어나는 일들도 그렇다. 학교나 직장에서의 문제들을 들어보면 가끔 공감할 수 없을 때가 있다. 그런 일들이 왜 생길까. 단순한 기사로 넘기기에 아쉬움이 남는다. 더구나 남이 일에 온통 시간과 마음을 빼앗겨 있는 건 안타깝다.

때로는 유익한 영상도 있다. 하지만 그것을 보기 위해 얼마나 많은 검색을 하고 찾느라 허비하는지 모른다. 소비하느라 삶이 온통 느낌표로 가득하다. 수많은 창작물을 가만히 들여다보면 남는 게 얼마나 될까. 기존의 창작물을 보고 느끼는 삶 속에는 내 것이 없다. 느낌표만 가득한 삶은 금방 지친다. 시간이 지나면 공허함이 더해진다. 소비하는 즐거움을 통해 느낌표만 남기지 말고 새로운 걸 만들어 내야 한다. 그 새로움은 질문에서 나온다. 이제 콘텐츠를 보면서 그냥 지나치지 말고 스스로에게 물어보자. '이건 어떻게 활용하면 될까.', '여기서 어떤 변화를 이끌어낼까?' 이렇게 물음표가 많아야 한다.

답을 찾아가는 과정은 질문 속에 있다. 질문을 잘해야 한다. 말을 잘하는 사람은 많다. 그러나 질문을 잘하는 사람은 드물다. 질문하는 걸 보면 그 사람의 수준이 보인다. 핵심을 찌르는 질문은 그 어떤 설명보다 더 효과적이다. 질문에는 어떤 힘이 존재한다. 단순히 궁금한 것을 묻는 행위 그 이상이다. 상대방에게 내 생각과 의도를 가장 빠르고 강력하게 전달하는 기술이다. 그래서 결국 상대방의 마음을 움직이게 하는 것이다. 상대방의 콘텐츠도 좋지만 이제 자신에게 관심을 가져야 한다.

자신에게 얼마나 관심을 가지고 있는가. 정작 사람들은 남의 일에는 관심을 기울이면서 나를 챙기는 일은 미루고 산다. 그 시간과 열정의 대상을 나로 바꾸어야 한다. 세상을 들여다보는 눈은 책 속에 있다. 책을 읽으면 질문거리가 많이 생긴다. 읽지 않으면 호기심이 적다. 책을 통해 생각의 폭이 넓어지고 다양한 질문도 생겨난다. 계속 질문하고 답을 찾는 과정 속에서 조금씩 나를 찾게 된다. 질문하고 내 생각을 만들어 나가는 과정에서 자꾸 삶을 돌아보게 만든다. 그래서 독서는 책을 덮는다고 끝이 아니다. 책에서 본 문장들이 어느 순간 삶에 스며들어 행동하도록 이끌어준다. 의지를 끌어올려 어떻게 할까 생각하게 만든다. 의미를 부여하고 노력하는 과정에서 하나라도 더 알게 된다. 그렇게 질문을 통해 스스로 답을 구하고 얻는 것들이 오래 간다. 이렇게 질문을 하기 위해 책을 읽는 것이다.

'어떻게 살아야 할까?' 책을 읽으면서 나에게 가장 많이 한 질문이다. 책을 읽는 동안 막막한 순간들을 어떻게 헤쳐 나갈지 수도 없이 고민했다. 삶의 방향을 찾기 위해 노력하다 보니 내가 무엇을 좋아하는지 알게 되었고 꿈을 향해 한 걸음씩 나아갈 수 있었다. 책을 통해 만들어낸 질문들이 삶을 바꾸어 놓았다. 질문하려면 독서를 해야 한다. 책을 읽지 않았다면 제자리에 머무는 삶이지 않을까. 흔히 책 속에 길이 있다고 한다. 인생의 문제를 해결해줄 답이 책 속에 있다. 답을 찾다 보면 그 안에서 질문도 만들어진다. 때론 그 질문이 인생을 바꾸기도 한다. 인생을 바꿀 질문을 찾기 위해 책을 든다.

고요함 속에
정신적 풍요를 느낀다

독서는 머리로 떠나는 여행   김원배

 방학이 되면 홀로 여행을 자주 다닌다. 자가용을 운전하기 보다는 대중교통을 이용한다. 운전하는 것을 별로 좋아하지 않는 것도 있지만, 기차나 버스 안에서 책을 볼 수 있기 때문이기도 하다. 여행 중의 책은 읽기 편하고 가벼운 내용의 책으로 선택한다. 독서는 머리로 떠나는 여행이고, 여행은 몸으로 하는 독서다.

 학부모 대상 진로특강에서 많이 받는 질문이 "책을 읽지 않는 아이를 어떻게 책을 읽게 할까요?"라는 것이다. 부모가 먼저 일상생활 속에서 읽는 모습을 보여주는 것이 가장 좋은 방법이고, 학교에서 배우는 과목과 연결되어 있는 책이나 체험이나 박물관에서 보았던 역사적인 장면들을 좀 더 배우게 할 목적으로 관련 책을 소개해 주는 것이다. 작은 아들이 초등학교 4학년 겨울 방학에 가족 여행으로 부여, 공주, 경주를 여행한 적이 있다. 5학년 사회에서 역사 부분이 나오기 때문에 미리 현장에 가서 우리나라의 역사를 직접 체험해 보게 한 것이다. 삼국시대, 고려시대와 관련 책도 서너 권 챙겨서 여행을 떠났다. 역사적 유적지와 유물들을 관찰하면서 역사에 대해 관심을 갖게 하고 숙소에 들어와서는 경험한 것을 책 속에서 확인하게 했다. 5학년이 되어서 사회시간에는 보고 들은 것이 있기 때문에 역사 부문에 있어서는 자신 있게 발표도 하게 됐다.

나는 두 아들에게 판타지 소설이나 만화책은 구매해주지 않았다. 『삼국지』, 『그리스로마신화』이 두 권은 만화로도 구매해서 아이들이 수시로 읽어볼 수 있게 집안 서가에 비치해뒀다. 중학교 학생들 강의를 하다 보면 대부분의 아이가 역사를 어려워한다. 외워야 될 것이 많기 때문이라고 생각하기 때문이다. 수만 년, 수천 년 내려온 역사를 어떻게 모두 외울 수 있을까? 인공지능도 아니고 어려운 일이다. 역사는 암기과목이 아니라는 것을 보여줘야 한다. 책 속에 있는 역사적 사실들을 직접 눈으로 보게 해야 한다. 그리고 난 후 책 속에서 다시 확인하게끔 반복적으로 탐색하면 역사의 흐름을 파악할 수 있다.

"선생님, 집에서는 게임만 하고 책은 도저히 읽지 않으려고 해요. 게임만 하는 아이를 어떻게 지도해야 할까요?" 두 번째로 많이 나오는 질문이다. 청소년시기 게임을 싫어하는 아이들은 없다. 잘못하다가는 게임 중독까지 갈지도 모른다. 두 아들이 학원 끝나고 집에 들어오는 시간이 11시 전후다. 초저녁 잠이 많은 나는 아이들 들어올 시간까지 기다리지 못한다. 그래서 저녁 먹고 잠시 눈을 붙였다가 아이들 들어올 시간에 잠에서 깨어난다. 일어나서 텔레비전을 보기보다는 작은 아이 방에 들어가서 책을 읽든지 강의자료를 준비한다. 대문 여는 소리가 들리면서 아이들이 들어온다. 아이들 눈에는 아빠는 항상 공부하던지 책을 읽는 사람으로 어려서부터 각인되었을 것이다. 항상 그런 모습을 아이들에게 보여줬기 때문이다. 부모들은 책을 읽지 않고 스마트폰이나 텔레비전을 보면서 아이들에게 공부해라, 책 읽어라 말을 한다. 아이들 눈에는 부모들이 어떻게 비칠까? 올바른 자녀교육은 반드시 부모의 삶에서 비롯되어야 한다. 아이들은 부모의 일상을 보고 자신이 나아갈 길에 대해 배움을 얻는다. '자식은 부모의 등을 보고 배운다.'는 말이 있다. 부모가 먼저 책을 읽고 괜찮은 내용이면 아이에게 추천해주는 것이 자녀를 책 속에 빠져들게 만드는 방법이다.

"예전에 이미 학문의 요령에 대해 말했거늘, 네가 필시 이를 잊은 거로구나, 그렇지 않고서야 어찌 초서의 효과를 의심해 이 같은 질문을 한단 말이냐, 무릇 한 권의 책을 얻더라도 내 학문에 보탬이 될 만한 것을 뽑아 기록하여 모으고, 그렇지 않은 것은 눈길도 주지 말아야 한다. 그렇게 한다면 비록 백 권의 책도 열흘 공부 거리에 지나지 않는다." 다산 정약용은 아들에게 보낸 편지에서 초서독서에 집중할 것을 강조했다. 책을 읽었는데 내용이 생각나지 않는다면 이 초서독서법을 추천한다. 책을 읽으면서 중요한 부분을 필사하는 방법이다. 필사하면서 문장들을 삶에 적용해 보기도 하고 느낀 감정을 적어 넣는다. 더디지만 가장 빠른 독서의 지름길이라고 할 수 있다.

새벽시간에 일어나서 책을 읽으면서 형광펜으로 중요 문장들을 표시한다. 1시간 정도 읽고 난 후에 문장들을 노트에 정리한다. 2019년부터 이런 방법으로 독서를 하고 있다. 예전에는 읽고 나면 어떤 내용인지 기억나지 않았는데 중요 문장을 필사하면서 뇌가 변하기 시작했다. 책 속의 내용을 학생들에게 말해줄 수도 있고, 다음 날 새벽 다음 페이지부터 읽으면서 전날 읽었던 내용이 들어오고 연결되기 시작했다. 집중력과 암기력이 좀 더 좋아진 것 같다.

살아가면서 전 세계의 모든 것을 체험할 수는 없다. 부족한 것들은 책속에서 찾아야 한다. 책은 머리로 떠나는 여행이다. 세계의 역사와 문화들을 집에 앉아서도 얻을 수 있다. 텔레비전 다큐멘터리를 보고 나서 국가의 역사와 문화가 궁금하다면 책을 펼쳐보면 된다. 공부는 이렇게 하는 것이다. 독서를 싫어하고 게임에만 빠져 있는 아이에게 강제적으로 책을 읽게 할 수는 없다. 책 속의 무궁무진한 상상 속으로 여행을 떠날 준비를 부모가 미리 보여줘야 한다. 요즘 매일 아침 시간 상상 속으로 빠져든다. 톨킨(J.R.R.Tolkien)의 『반지의 제왕』 시리즈를 읽고 있다. 20년 전 영화로 만났고 그 장면들을 책 속에서 만나고 있다. 〈반지의 제왕〉 영화는 정말 재미있게 본 영화였다. 영화는 눈으로 봤다면 글을 읽으면서는 작가가 '주변 상황을 어떻게 표현했을까?'를 중점적으로 살피면서 읽고 있다.

'동트기 전의 고요하고 서늘한 시간에 그들은 거기서 잠시 쉬었다 앞서가던 달이 져버린 지 오래였고, 그들의 머리 위로 별들이 반짝였다. 첫 햇살이 아직 뒤편 어두운 구릉지 위로 나타나지 않았다.' 『두 개의 탑』에 있는 문장이다. 태양이 떠오르기 전을 묘사하고 있다. 이 작품의 내용은 영화로 이미 알고 있다. 관심을 가지고 읽는 것은 주변 상황들을 어떻게 묘사하는가를 중점적으로 살피면서 읽고 있는 것이다. 책을 집필할 목적으로 항상 모든 책을 읽기 때문이다. 지금 이 순간 읽은 책을 어떻게 활용할 것인가를 생각하면서 읽어야 한다. 목적을 가지고 읽어나가야 한다는 의미다. 목적을 가지고 읽을 때 책 속의 문장들이 다르게 다가온다.

홀로 있음도 그저 즐겁다.

장은주

많은 사람들이 혼자 있는 걸 힘들어한다. 어딘가에 소속이 되어야 안정을 느끼는 걸까. 다른 사람들의 시선에 주의를 기울이느라 가끔은 불안정해 보인다. 그들은 쇼핑이든 외출이든 무얼 해도 사람들과 함께해야 움직인다. 여행을 가거나 밥을 먹어도 늘 누군가와 동행한다. 그런 상황이 때론 얼마나 피곤한 일인지 모른다. 무엇이 혼자 있지 못하게 만드는 걸까. 가끔은 그런 이유가 궁금할 때도 있다.

물론 함께 할 때의 즐거움은 상당히 크다. 그러나 시간을 정하고 맞추는 일은 가끔 피곤하다. 그 많은 일정을 누군가와 늘 함께할 수는 없지 않은가. 일정이 맞지 않으면 연기하거나 취소하고 매번 다시 약속을 정하는 일이 불편하기도 하다. 모든 상황을 맞추려다 보면 어떤 일을 해내기에 제약이 많아진다. 내 사정에 따라 편할 때 일정을 조정하고 계획을 세우는 게 효율적이다. 그래서 대부분의 일을 주로 혼자 하는 편이다. 홀로 있어보면 참 편하다. 그것이 주는 평안함에 익숙해지면 알게 된다. 고요하게 보내는 순간들이 더없이 좋은 순간임을. 홀로 있음으로 인해 얻는 것들도 꽤 많다.

대학 시절에도 혼자일 때가 많았다. 혼자 있는 시간이 좋았고 그걸 즐겼다. 수업이 끝나고 쉬는 시간에 화장실을 무리 지어 가는 모습, 혼자서는 절대 식당에 가지 않는 친구들이 이해가 안 갔다. '왜 모든 곳에서 함께해야만 하는 걸까.' 그게 의문이었다. 혼자여도 충분히 감당할 수 있는 게 많고 즐거운 일들은 넘쳐났다.

일상에 바쁜 틈을 내어 자주 산에 오른다. 집에서 가까운 산은 밥을 먹듯 가는 편이다. 그런 내게 사람들은 늘 궁금해하며 묻는다. "산에는 누구와 가나요? 혼자 배낭 메고 여행을 간다고요? 어쩜 그렇게 혼자서도 잘 다니세요?" 혼자가 어색한 사람들에게서 종종 이런 질문을 받는 일이 많아졌다. 혼자 등산하고 식당에서 혼자 밥을 먹는 모습이 신기한가 보다. 세월이 흘러 세상이 많이 바뀌었고 혼밥하는 식당과 혼자에 맞추어진 시스템이 많이 생겼다. 그럼에도 여전히 많은 사람들이 혼자 있음을 두려워한다. 나에게는 일상이지만 그들에겐 마음을 내고 노력해야 할 수 있는 일이라 더 그런 듯하다.

'인간의 모든 불행은 딱 한 가지, 고요한 방 안에 들어앉아 휴식할 줄 모르는 것이다.'는 파스칼의 말을 떠올려본다. 방 안에 앉아 고요히 휴식하지 못하는 게 현대인들의 불행이다. 휴식할 때도 온 정신이 바쁘다. 충분히 쉬면서 나와 마주할 시간이 없다. 늘 어딘가에 연결되고 접속되어 있어야 안정감을 느끼는 걸까. 같은 공간에 있으면서도 때로는 외롭고 불안하다. 그래서 쓸데없는 말에 일일이 반응한다. 그렇게 주고받는 말 속에 진정 의미 있는 대화는 얼마나 되는가. 온종일 시끄러운 소리에 피로감만 더해진다. 그런 시간을 통해 얻는 게 있을까. 내면은 채워지지 않고 마음은 더 허전하다. 오히려 스트레스는 많아지고 괴롭다. 사람들 대부분은 혼자 있으면서도 결코 혼자이지 못하다.

내가 어떤지는 혼자 있어봐야 안다. 사람들과 어울리며 함께 있을 때는 잘 모른다. 다른 사람을 의식하고 상대방에게 맞추다 보면 진정한 자신을 알 수가 없다. 그 상황에서는 온전한 내가 될 수 없다. 자신의 개성과 성격을 전부 드러내지 못하는 경우가 많기 때문이다. 내 성향을 온전히 파악하기도 어렵다. 혼자 가만히 있을 때 비로소 나를 돌아보는 시간이 주어진다. 혼자 있어보면 내 관심사가 어디로 향하는지 보인다. 시간을 주도적으로 잘 활용해 알차게 보내는 사람도 있고 반대로 외로움에 몸부림치는 사람도 있을 것이다. 혼자 있는 시간을 어떻게 보내는지 살펴보라. 혼자 있음을 어떻게 받아들이는가에 따라 삶의 태도가 달라진다.

메이지 대학 교수로 많은 자기계발서를 쓴 사이토 다카시는 『독서력』에서 이런 말을 했다. "독서가 몸에 밴 사람은 쉽게 혼자가 된다. 자신의 세계를 갖고 있기 때문이다. 독서는 원래 저자와 일대일로 마주 선 공간에서 이루어진다. 현대의 독서는 혼자 하는 것이 기본이다." 오랫동안 혼자임에 익숙한 것은 바로 책 덕분이다. 독서를 하면 철저하게 혼자가 된다. 기본적으로 혼자 앉아 책과 마주 앉아 있어야 한다. 책 속에서 나와 대화를 나누다 보면 시간이 금방이다. 온진히 즐기나 보면 의미 있는 순간으로 남는다.

책을 통해 자신만의 세계를 갖는다는 것, 이 얼마나 멋진 일인가. 저자와 일대일로 마주 앉아 혼자가 되는 경험을 자주 해야 한다. 그러면 혼자가 두렵지 않고 오히려 즐거운 일이 된다. 혼자 있는 시간을 즐길 수 있는 사람은 어떤 상황에서도 불편하거나 힘들지 않다. 진정 홀로 있는 순간을 잘 보내는 사람이 여러 사람과도 잘 어울리게 된다. 결국 함께 있음은 혼자 보낸 시간의 연장선인 셈이다. '따로 또 같이'는 자신만의 세계가 구축되어 있는 사람이 누리는 가장 보편적인 행동이다.

혼자 있음, 그 이상적인 고독을 얼마나 즐길 수 있는가. 그것을 즐기는 사람이 진정 마음 부자다. 사람의 그릇은 거기에 있다. 혼자서도 즐기다 보면 결코 그 시간이 외롭지 않다. 사람은 혼자라서 외로운 게 아니다. 사실 함께 있을 때 더 외롭다. 북적대는 사람들 속에 있어 보면 안다. 마음을 나눌 사람이 없는 상태, 그 자체가 외로운 것을. 이해받지 못하고 대화가 통하는 사람이 없어서 말문이 닫힐 때 외로움은 더해지는 것이다.

인생은 혼자 겪어내야 하는 일들이 많다. 어쩔 수 없이 해내야 하는 업무적인 일을 제외하고 대부분이 그렇다. 모든 게 내 선택과 생각에 따라 달라지기 때문이다. 무엇이든 혼자 할 수 있는 사람은 그 어떤 상황에 처하더라도 극복할 수 있다. 또한 그런 경험이 많은 사람은 쉽게 무너지지 않는다. 그렇게 혼자 조용히 있어 본 사람은 여러 면에서 다르다. 깊은 고독 속에서도 즐겁다. 사이토 다카시는 "고독을 긍정적으로 바라볼 수 있다면 어떠한 시련에도 쉽게 꺾이지 않는다."라고 했다. 혼자 있음을 성장의 시간으로 받아들이고 나만의 동굴 속에서 생각에 파고드는 시간을 가지는 게 어떨까. 그 시간을 아무렇게나 말고 잘 쓰는 사람에게 주어지는 보상은 넘쳐난다.

내 관심사에 집중하고 다양한 기술들을 익히는 시간을 만들어보자. 그렇게 자신만의 세계로 빠져들다 보면 혼자 있음도 즐겁다. 영어공부, 운동, 악기 등 하나라도 내 것으로 만드는 순간들에서 보람과 성취감도 더해진다. 그렇게 시간을 보내는 동안 자신만의 내공도 쌓인다. 축적된 내공이 많은 사람은 누구에게나 매력적으로 보인다. 혼자만의 시간을 통해 끌어올린 샘은 쉽게 마르지 않는다. 어느 순간에도 흘러나와 주변에 많은 영향을 준다. 그런 의미에서 혼자 있는 시간은 내면을 성장시키는 힘이 된다.

홀로 있음을 즐길 줄 아는 사람이 정신적 풍요를 만끽할 수 있다. 그 풍요로움 한가운데 책이 있으면 좋겠다. 복잡하고 힘든 일 많지만 그래도 책이 있으면 한결 낫다. 책을 마주하고 앉아 혼자 있음을 즐기는 사람이 되고 싶다. 책을 통해 나를 깨우는 시간이 더없이 소중하기에. 그래서 나는 오늘도 카페로 향한다. 바쁜 틈에도 혼자만의 시간을 충분히 누리기 위해서다.

함께 읽을 때
얻는 것들

혼자보다 함께 읽어보기

김원배

1970년대 미국의 임상심리학자 D. 카일리(Dan Kiley)는 피터팬 증후군(Peter Pan syndrome)이라는 용어를 처음 사용했다. 피터팬 증후군은 동화 속의 피터 팬과 같이 영원히 어린이 또는 소년이고 싶어 하는 것이다. 그는 네버랜드라는 꿈나라에서 영원한 소년으로 남아 모험을 즐기지만 다른 아이들은 현실의 세계로 돌아가기를 선택한다. 성인이 되어서도 정신적으로는 어린아이로 남고 싶은 심리 현상을 말한다. 피터팬 증후군을 앓는 사람들은 성인으로서의 책임감을 두려워하며, 실패의 경험이 적을 수 있다.

학창시절에는 동갑 친구들보다 후배들과 어울려 놀기를 즐겨했다. 작은 동네에서 벗어나 여러 사람과 어울리는 것이 유독 부담스럽게 느껴졌다. 어린아이 수준에 머물러 있는 피터팬 증후군 현상은 성인이 되었음에도 성장하지 못하고 나타난다. 지금의 아내가 아니었으면 아직도 나는 어린아이 수준에 머물러 있었을 것이다. 아내는 나와 성향이 완전히 다르다. 남자로 태어났으면 장군 정도는 했을 인재였다. 내가 해야 될 것들을 아내가 앞서서 모든 것을 해줬다. 병원 예약부터 집안 대소사 모임까지 모든 일은 아내의 몫이었고 나는 아내가 하자는 대로 하는 것이 편했다.

나이는 성인이었지만 정신세계는 아직도 피터팬 증후군에 빠져 있는 듯하다. 아내는 말한다. "여보, 이제 당신이 전화하고 연락해요, 병원도 당신이 예약해." 알았다고 얘기하고 며칠이지나면 다시 아내가 나 대신 예약해주고 일처리를 해준다. 모르는 곳을 멀리 가려면 항상 아내와 함께 동행한다. 아내가 없으면 불안하다. 결혼 31년 째, 결혼 하나는 잘했다고 생각한다.

'나는 왜 이럴까?' 나이는 먹는데 제대로 하는 일은 별로 없는 현실에 항상 주눅 들고 방향성을 잡지 못하고 있다. 뭔가 획기적인 기회가 있어야 됨을 항상 느끼지만 그 기회라는 것이 무엇인지 알 수 없는 혼란만 가

중되고 있다.

사람 많은 곳에서 나를 드러내는 것이 어색하고 항상 부끄러웠다. 누군가와 단 둘이 눈을 마주치면서 대화할 때도 가슴이 쿵쿵 뛰기도 하고 긴장이 된다. 말도 조리 있게 하지 못하고 얼버무리면서 뭔 말을 하는지 모르게 시간이 간다. 얼굴은 벌겋게 달아오른다. 나도 모르게 긴장감과 수줍음이 얼굴로 나타나는 것이다. 어른이 되어서도 이 증상은 변함이 없다. 직장에서나 모임이나 진로교사회의에서도 반복되는 현상들이다.
'정말 고칠 수 없는 고질병일까'

피터팬 증후군에 빠져 있던 나를 세상 밖으로 나오게 만든 것이 온라인 독서모임이었다. 요즘은 아내도 인정한다. "당신 요즘 말이 많아진 것 같아. 좋은 현상이야." 정말이지 요즘에는 말이 많아졌다. 직장 모임이나 동창회 갈 때는 어떤 말을 해야 할지 미리 머릿속으로 생각하고 가서 할 얘기만 하고 끝날 때까지 입 다물고 경청의 자세로 듣는 것이 내 주특기였다. 독서모임을 참여하고 꾸준하게 책을 읽기 시작하면서 할 얘기를 미리 준비하지 않아도 될 정도로 발전했다.

2021년 3월 하하샘이 운영하는 독서모임에 회비를 납부하고 참여하게 됐나. 운영자가 지정한 책을 일주일에 1권 읽고 일요일에 줌으로 모여서 읽고 느낀 점을 공유하는 시간이다. 최근까지 매주 빠짐없이 일요일에 참여를 해왔다. 첫 주에는 책을 1주일 만에 끝까지 읽었지만 어떤 말을 해야 할지 고민이 됐다. 일요일 아침 독서모임 1시간 전부터 발표할 이야기들을 노트에 정리했다. 책 내용을 요약하고 나의 느낀 점을 노트에 적고 내 발표 차례가 되면 적은 대로 읽었다. 이렇게 내 생각을 이야기하기 시작하면서 이 모임에 적응도 되고 말하는 능력도 향상되기 시작했다. 처음에 적으면서 발표했던 것이 차츰 적지 않아도 책의 내용을 요점 정리하고 내 생각을 첨가하여 설명하는 단계까지 발전했다.

매일 책을 읽는 것이 나를 변화시키는 상황을 경험하게 되자, 독서에 미쳐버리고 싶었다. 책이 내 인생 2막을 열어 줄 것이라고 확신하기 시작했다. 새벽 3시부터 일어나서 60페이지 정도의 책을 읽고 노트에 그날 읽은 내용 중에서 중요한 문장이나 마음속에 담고 싶은 문장들을 적기 시작했다. 빨간색 볼펜으로 나의 생각들을 한 줄씩이라도 적으면서 독서 모임이 즐거워지기 시작했다. 온라인 독서 모임은 시간과 장소를 뛰어넘어 어디서나 참여가 가능했다. 지난 여름휴가 때는 대천해수욕장에서도 참여했고 부산에서도 참여했다.

"당신 잠 부족하지 않아? 매일 아침 일찍 일어나서 글 쓰고 책 읽으면 건강도 해칠 텐데." 아내는 항상 걱정이다. "내가 즐겁게 하는 일이야."

라며 나는 말한다. 정말 내가 즐거이 하는 유일한 활동이다. 책 속의 문장들은 내 인생을 완전히 바꾸게 만드는 계기가 된 것이다. 온라인 독서모임이 활성화되면서 우후죽순 많이들 생기고 있다. 자신의 성향에 맞는 독서모임 참가하기를 추천한다.

  독서모임은 책을 읽고 서로의 생각을 공유하면서 지식과 통찰력을 기를 수 있는 아주 좋은 기회다. 참가자들의 다양한 관점과 해석을 들을 수 있다. 책 읽기를 습관으로 갖고 싶은 사람에게는 적극적으로 추천한다. 책 읽는 습관을 만들고 유지할 수 있도록 도와준다. '백지장도 함께 받들면 낫다.'는 속담이 있다. 정기적으로 책을 읽는 모임이 있기 때문에 책을 읽을 시간을 확보하고 목표를 세울 수 있다. 모임은 서로 소통하는 공간이다. 내가 경험해 보니 독서모임의 최고 장점은 자신의 성장과 발전에 도움이 된다. 책을 통해 자신의 가치관과 삶의 방향성을 되돌아보고 확장할 수 있다. 모임에서 받는 동료들의 피드백과 격려를 통해서 자신감과 자존감을 높일 수 있다. 피터팬 증후군에서 탈출할 수 있는 나처럼 완전히 다른 삶을 설계하고 추진할 수 있는 힘을 얻게 되는 것이다.

사람은 더불어 함께할 때 성장한다.

장은주

책을 읽으면 철저히 혼자가 된다. 세상에는 사람들과 어울려 함께 할 수 있는 취미가 다양하다. 책도 누군가와 함께 읽어 나갈 수는 있다. 그러나 대부분의 독서는 혼자 하는 행위다. 책 속의 내용을 읽고 이해하려면 집중력이 필요하다. 집중해서 읽으며 생각을 정리하는 시간을 갖는다. 그렇게 책을 읽는 동안은 누구나 혼자다. 오롯이 혼자 있을 때 깊이 있는 독서를 할 수 있다. 그러나 내용을 잘 소화하고 내 것으로 만들려면 함께 읽어야 한다. 독서 모임을 통해 가능하다. 독서모임을 하지 않으면 발전이 없다. 성장하는 삶에서 독서모임은 어쩌면 필수다.

독서모임은 책으로 소통하는 공동체. 2017년 이후 독서모임 수는 꾸준히 증가하고 있다고 한다. 독서모임을 하는 사람 수도 계속 늘어나고 있다. 특히 코로나 이후 온라인 독서모임이 부쩍 활발해졌다. 종류도 다양해서 어떤 곳을 택해야 할지 고민이 될 정도다. 언제든 마음만 먹으면 사람들과 함께 책을 읽어나갈 수 있다. 그런데도 주변에 독서모임을 하는 사람들이 많지는 않아 보인다.

독서 모임을 하자고 하면 대부분 반응이 비슷하다. "재미없겠는걸."

"그냥 책만 보면 되지 모임까지 해야 하나." 대체로 이런 말들을 건넨다. 모임에 참여해야 할 이유가 분명하지 않기 때문이다. 마음이 내키지 않으면 참여하지 않을 이유가 더 많다. 돈을 내고 책을 구입했는데 책 수다를 위해 다시 참가비를 내고 시간까지 투자해야 하나 싶기도 하다. 이유가 분명하지 않으면 무얼 해도 아깝다. 이유가 분명해도 꾸준하지 않으면 모임의 가치를 알 수가 없다. 독서 모임의 가치는 꾸준히 참석해야 보인다.

직장과 사회에서 다양한 성격의 모임이 많다. 친밀감을 쌓고 즐거움을 주는 모임들이 넘쳐난다. 그런 모임에 나가기도 빠듯하고 여유가 없다. 그런데 왜 독서모임이 필요한가. 책 읽는 사람들과의 만남은 질적으로 다르다. 어떤 목표와 추구하는 가치도 없이 단지 즐거움으로 만난 모임은 오래가지 못한다. 시간을 들인 만큼의 발전도 적다. 하지만 책에 대해서 토론하고 서로의 진지함을 공유할 수 있는 공동체는 그 존재만으로도 의미가 있다.

혼자 읽을 때는 몰랐던 것들을 독서모임을 통해 배운다. 책을 읽는 시선은 다양하다. 다양한 시각을 접하며 생각의 폭이 넓어지고 비판적 사고 능력도 생긴다. 책을 읽고 사람들의 이야기를 듣고 자신의 이야기를 하는 과정에서 사고가 바뀐다. 그런 활동들은 자신에게 긍정적인 효과를 만들어낸다. 직접 경험뿐 아니라 책을 통해 나누며 알게 되는 간접 경험도 효과가 크다. 책 한 권을 읽고 생각을 나누다 보면 여러 권 읽은 효과가 있다. 여러 각도에서 다양한 견해를 듣기 때문에 그만큼 시야가 확장된다. 자신만의 생각에 머물러 있지 않고 나와 다른 사람들의 생각을 수용하는 과정에서 배우는 게 많아진다. 이렇게 읽으면 책 한 권이 오래 남는다.

때로는 책에 대한 새로운 면과 가치를 발견하기도 한다. 책의 종류는 많고 얻을 수 있는 것도 그만큼 많다. 재미로 읽든 정보를 얻기 위해서 읽든 간에 몰랐던 지식을 습득하며 지식이 늘어난다. 자연스럽게 사유의 확장으로 이어져 남을 대하는 태도도 달라진다. 쉽게 들을 수 없는 견해를 접하면서 책과 사람에 대한 두려움도 없어진다.

독서 모임에서 좋은 사람을 만날 수 있다. 책을 좋아하는 사람들은 대체로 온순하고 성장에 관심이 많다. 그래서 책을 통해 만나면 좋은 사람이 많다. 책이 아니라면 만날 수 없는 사람들과 연결되면 관계가 특별해진다. 평소 사람의 내면을 어떻게 알겠는가. 이야기를 통해 더 잘 알 수 있다. 단순히 책 이야기를 하는 모임인데 서로의 이야기를 듣다가 감정이 벅차오를 때도 있다. 목소리를 듣고 오가는 시선 속에서 생기는 친밀감도 있다. 어쩌다 나와 마음이 맞는 사람을 만나면 더없이 반갑다. 그런 사람들과의 교류를 통해 서로에게 영향을 주고받으며 배우는 동안 자신에게 좋은 에너지가 된다. 일상의 바쁨을 잠시 잊고 편하게 대화를 즐기는 동안 긴장이 완화되고 스트레스도 줄어든다. 그렇게 모임을 지속하다 보면 지친 일상에 활기도 더해진다.

혼자서는 결코 읽지 않을 책도 읽게 된다. 다 같이 하면 반강제성이 생긴다. 습관 형성에 강제성만한 것도 없지 않은가. 모임을 하기 위해 어떻게든 책을 읽게 된다. 읽기 싫어도 어쩔 수 없이 해야 한다. 모임 내내 이해할 수 없는 말을 들으면 스트레스를 받기 때문에 읽을 수밖에 없다. 또한 참가비를 내면 아까워서 참여하게 된다. 그러면 어떻게든 책을 완독하고 싶어진다. 평생 만날 수 없는 작가를 만나는 기쁨도 생긴다. 책은 읽고 싶은데 혼자서는 잘 안되는 사람에게 좋다. 이것이 독서모임의 가장 큰 장점이다.

책 읽기는 자기계발의 끝판왕이다. 이것보다 더 확실한 자기계발도 없다. 책을 통해 얻는 효과는 상상하는 것 이상이다. 책 한 권 읽는다고 달라지겠는가 싶겠지만 그런 생각은 버려야 한다. 독서모임을 하면 책을 읽는 데서 끝나지 않는다. 모임에서는 자신의 생각을 발표하는 시간이 있다. 발표하려면 책의 지식을 흡수하고 타인에게 정보를 전달할 수 있어야 한다. 정보 전달 능력이 없어도 독서모임에 참여할 수 있을까.

처음 독서모임에 갔을 때를 떠올려본다. 몇 평 안 되는 작은 강의실 안에 사람은 기껏 대여섯 명밖에 없었다. 그런데 내 차례가 되면 왜 그렇게 떨리는지. 무슨 말을 해야 할지 생각하고 정리하느라 상대방이 하는 말이 잘 들리지도 않았다. 또박또박 말 잘하는 사람이 왜 그렇게 부럽던지. 입술만 멍하니 쳐다보다가 순서가 되면 가슴이 두근두근 떨렸다. 무슨 말을 했는지도 모르고 끝나는 경우가 많았다. 긴장해서 말도 많이 빨랐다. 그렇게 전달하는 과정이 서툴고 힘들었다. 그래도 묵묵히 참석하다 보니 나아졌다. 어떻게 전달할지 미리 준비하고 연습하면서 정리스킬도 생겼다. 그런 시간이 조금씩 쌓여 점차 자신감 있게 말할 수 있게 되었다. 말하는 능력은 자본주의 사회에서 매우 중요한 자질이다. 책을 읽으면서 이렇게 말하기 능력도 더불어 향상된다.

독서 모임에서 토론을 통해 자신의 숨겨진 면을 발견하기도 한다. 사람들은 자신의 성향을 잘 모른다. 말하기와 듣기 중에 특히 어떤 걸 좋아하는지 평소에는 관심이 없다. 독서모임에서는 자연스럽게 자신의 생각을 말하게 된다. 그때 누군가는 말을 많이 하고 누군가는 조용히 듣는다. 물론 말하기는 상황과 기분에 따라 다르긴 하다. 그래도 모임을 하다 보면 내 성향이 드러난다. 말하기와 경청은 둘 다 중요한 능력이다. 잘하는 것을 좀 더 끌어올려 강점으로 살리면 좋다.

말하는 능력과 더불어 쓰는 시간도 필요하다. 자신의 생각을 발표하려면 글쓰기도 해야 한다. 읽은 내용을 직접 써봐야 정리가 된다. 핵심 내용들을 정리하면서 쓰기 실력도 올라간다. 글쓰기가 잘 안 된다면 독서 모임에 참여해 보라. 대다수가 읽은 문장과 자신의 생각을 노트에 써온다. 그들을 보면서 따라 하고 있을지도 모른다. 어떤 부분을 좀 더 보완하면 좋을까. 스스로 부족함을 알고 그 자리에 맞는 사람이 되기 위해 노력하다 보면 어느새 한 뼘 성장해 있다.

책을 읽기만 하면 안 된다. 읽기, 말하기, 쓰기의 3단계가 순환해야 진정한 독서라 할 수 있다. 더구나 성장하고 싶다면 혼자 읽기에서 벗어나야 한다. 함께 읽어야 더욱 그 깊이와 풍요를 경험할 수가 있다. 내면의 성장과 사람을 동시에 얻는다. 이렇듯 함께 읽어야 할 이유는 많다.

2장

행동해야
삶이 달라진다

책을 읽고
어떻게 실천할까

읽고 실천하기   김원배

　공도자가 물었다. "모두 같은 사람인데 왜 누구는 대인이 되고 누구는 소인이 됩니까?"

　맹자가 답했다. "큰 것을 따르면 대인이 되고, 작은 것을 따르면 소인이 된다. 귀와 눈과 같은 기관은 생각을 할 줄 모르니 사물에 가리어진다. 하지만 마음은 생각을 한다. 생각을 하면 얻지만 생각이 없으면 얻지 못한다. 이것들은 하늘이 우리에게 부여해준 것이다."『맹자』에 나오는 구절이다. 생각 없이 말하고 생각 없이 공부하면 소인이 된다는 맹자의 말씀이다. 오늘 읽은 책 속에는 세상을 바라보는 따뜻한 마음, 바른 인생

관과 가치관이 들어 있다. 어떤 삶을 살아야 하는지 작가는 우리에게 방향성을 제시해준다.

가정에서는 부모가, 학교에서는 교사가 책을 읽고 실천하는 모습을 보여줘야 한다. 청소년들이 어려서부터 책과 친하게 지내도록 하려면 어른들이 먼저 모습을 보여줘야 한다. 백 세 삶 중에서 3년간 독서에 몰입하면 인생이 바뀐다는 말이 있다. 김병완 작가의 『48분 기적법』 책을 읽으면서 이 문장을 발견했다. '나도 해볼까?'라는 생각이 들었다. 어떻게 3년 동안 독서를 해야 할까 방법을 찾으면서 나만의 독서법을 만들었다.

첫째, 나만의 독서 시간을 만드는 것이다. 하루 일과 중 오롯이 책만 읽을 수 있는 시간이 있을까? 24시간 나의 활동을 점검했다. 초저녁 일찍 잠을 자는 나는 새벽 시간을 선택했다. 처음에는 새벽 4시에 일어났다가 요즘에는 새벽 3시에 일어나서 책을 60페이지 정도 읽는다. 새벽마다 독서하는 모습은 두 아들에게 커다란 교육적 효과를 가져왔다. 첫째 아들도 독서광이 됐다.

둘째, 책 내용을 실생활에 적용한다. 책을 읽고 사고와 의식을 확장하기 위해서는 책 내용을 실제 생활에 적용해야 한다. 수업 자료를 활용하거나 수업 시간에 아이들에게 동기부여되도록 이야기해준다. 그리고 나 스스로 생활 속에 실천한다. 이것이 실천하는 독서다.

셋째, 독서 단계를 높여간다. 작심삼일로 끝나는 독서가 되지 않도록 한 달 이상 꾸준하게 실행에 옮기고 있으며 3년이 지난 지금은 매일 읽고 매일 필사를 하고 있다. 흥미 위주의 독서에서 점차 지식과 생각의 깊이를 확장시키면서 독서를 하고 있다.

영국의 철학자이자 정치학자인 토마스 홉스는 "만약 내가 다른 사람들과 같은 정도로 독서를 했더라면 다른 사람들과 같은 정도밖에 몰랐을 것이다."라고 했다. 나는 책을 쓰기 위해 몰입과 실천독서를 선택했다. 나는 작가로 성장하기 위해 매일 책 속으로 여행을 다녀온다. 매일 1%라도 실천한다면 우리는 조금씩 나아질 것이다. 매일 1년 동안 1%씩 변화하려고 실천한다면 1년 후 우리는 36배의 성장을 가져오게 될 것이다. 배우고 읽은 내용을 실천해야 한다. 책을 읽고 실천하지 않는다면 읽을 때만 만족하게 된다. 어제와 똑같은 오늘을 살지 말고 오늘 같은 내일을 살고 싶지 않다면 매일 1%씩 독서를 통해서 변화하는 삶을 살아보는 것이다.

"나는 왜 책을 읽으려고 하지?"
"내가 책을 읽는 목적은 무엇인가?"

『율곡전서』에는 "글을 읽는 까닭은 옳고 그름을 분별해서 일을 행할 때 적용하기 위한 것이다. 만약 일을 살피지 아니하고 오롯이 앉아서 책만 읽는다면 그것은 아무런 쓸모가 없는 배움에 지나지 않는다."라는 글이 있다.

류성룡은 『서애집』에서 독서할 때는 글의 의미와 뜻을 깊이 터득하고 글 구절마다 반드시 자기가 실천할 방법을 구한다. "이렇게 하지 않고 입으로만 글을 읽을 뿐 마음으로 본받지 않고 몸으로 행하지 않는다면 책은 제대로 있고 나는 나대로 있을 뿐이니 무슨 이익이 있겠는가."라고 말을 한다. 즉 읽고 배웠으면 일상생활에서 실천하라는 말씀이다.

우리 뇌 속으로 들어오는 정보는 휘발성이 강해서 바로 사라진다. 책 속의 문장을 내 삶 속에 적용하기 위해서 필요한 조치들이 필요하다. 독서노트, 지식노트, 필사노트, 메모 앱 등을 활용하는 것이다. 책을 읽을 때는 독서 노트를 항상 옆에 둔다. 책을 읽으면서 중요한 문장은 바로 노트에 기록하는 습관을 갖는다. 기록할 때는 책 제목과 작가, 출판사 정도 정보는 남겨 둬야 한다. 그래야 나중에 다시 읽어 볼 때 어떤 책의 내용인지 알 수 있기 때문이다. 나는 갑자기 생각나는 아이디어가 있거나 책 속 문장이 발견되면 바로 노트 또는 스마트폰 앱에 기록을 한다. 바로 바로 기록하는 습관을 갖는 것이다. 지하철이나 대중교통 속에서 책을 읽을 때는 기록하기 불편하니까 스마트폰 노트 앱을 활용하기도 한다. 요즘에는 기록하는 앱들이 많아서 노트와 같이 활용하면 좋을 것 같다. 이러한 노트나 메모 앱은 자료를 저장하는 외장하드를 하나 더 갖고 있는 효과를 가질 수 있다.

책을 많이 읽으려고 하기 보다는 한 권, 한 문장을 읽더라도 내 생활에 어떻게 적용할 것인지 생각하면서 읽는다면 독서를 통해 기쁨을 얻을 것이라고 말할 수 있다. 독서노트 기록이나 지식노트 기록할 때는 남들에게 보여 주기식 기록이 아니라 내가 편하게 볼 수 있으면 되는 것이다. 또는 개인별 취향이겠지만 형형색색 예쁘게 작성하기보다는 내가 나중에 읽기 편할 정도의 글씨로 정리해둬야 하는 것이 좋겠다.

읽고 쓰고 생각하는 패턴이 몸과 뇌가 습관화되게 활동해야 한다. 그래야 책 속의 문장들을 내 삶에 적용시킬 수가 있을 것이다. 책 속에는 세상을 살아가는 모든 답이 숨어 있는 아주 훌륭한 보물창고라고 할 수 있다. 뇌가 책을 읽을 수 있도록 습관으로 만드는 것이 우선이다.

모든 습관은 관성이다. 관성이 있기에 한 번 형성된 습관은 큰 노력 없이 유지되는 것이다. 그리고 그 관성은 꼭 행동 전부를 하지 않더라도 아주 작은 실천만 해도 유지된다. 이것이 매일 조금씩이라두 책을 읽어야

되는 이유다

작은 실천 하나가 삶을 변화시킨다. 삶의 변화를 원한다면 흥미위주의
독서가 아니라 실천독서를 해야 한다.

읽고 나서 독서노트는 기본이다.　　　　　장은주

　누구나 책을 읽고 오래 기억하고 싶어 한다. 책 한 권을 읽는데 대체로 2~3시간 정도 걸린다. 그렇게 시간을 투자해서 읽고 강한 인사이트를 받아도 금방 까먹는다. 책 제목만 들어도 내용이 떠오르면 얼마나 좋을까. 작가에 대해 줄줄 설명할 수 있으면 더없이 좋을 것 같다. 그런데 마음처럼 쉽지가 않다. 읽은 책을 또 읽으며 '이거, 어디서 본 것 같은데.' 할 때도 있으니까. 아무리 감동적인 책도 두 번 읽는 경우는 드문 편이다. 그러니 효율적인 방법을 찾게 된다.

　읽은 책을 잘 기억하는 방법이 있을까. 사실 책을 읽어도 시간이 지나면 기억이 잘 안 난다. 강력하게 자신의 마음을 흔드는 책이면 모를까 나중에는 잊힌다. 사람은 망각의 동물이기 때문에 어쩌면 당연하다. 한 번 읽는다고 내용을 다 이해하거나 내 것이 되지는 않는다. 읽는 순간은 물론 좋다. 독서를 안 하는 것보다 읽는 게 나은 건 당연하다. 그래도 공들여 읽었는데 어떤 내용인지는 남아 있어야 하지 않을까 싶다.

　읽은 책을 오래 기억하려면 독서노트를 써야 한다. 책을 읽는 것도 힘든데 '독서노트까지 써야 함까?' 그런 생각이 들 수도 있다. 그런데 쓰지 않으면 성장하는 책 읽기는 힘들다. 읽고 나면 쓰기로 이어져야 한다. 모택동은 "붓을 움직이지 않는 독서는 독서가 아니다."라고 했다. 읽고 나서 써야 그게 진정한 독서다. 그런 면에서 독서의 완성은 쓰기에 있다.

박상배 저자의 『본깨적』이라는 책에서는 읽고 나서 '본깨적'을 강조한다. '본깨적'이란 저자의 핵심을 제대로 보고 그것을 나의 언어로 확대 재생산하여 내 삶에 적용하는 책 읽기를 말한다. 책 속에서 본 것, 깨달은 것, 적용할 것을 찾는 것이다. 이렇게 해야 삶에 변화가 일어난다. 책을 읽었는데도 아무런 변화가 없다면 제대로 읽지 않았거나 읽기로 끝냈기 때문이다. 책을 덮고 그대로 간직만 해서는 발전도 없고 가치가 없다. 책은 고이 간직하기 위해 읽는 게 아니다. 읽고 소화하는 과정이 무엇보다 중요하다. 소화되기 위해서는 시간이 필요하다. 우리가 먹은 음식물이 소화되려면 시간이 걸리는 것처럼 책도 그렇다. 내 것으로 만들어 실천하는 노력이 반드시 있어야 한다. 그래서 본깨적을 하는 것이다. 본깨적을 하면서 사색하고 적용하며 안목을 기를 수 있다. 본깨적을 하기로 마음먹고 먼저 독서노트를 쓰기로 했다.

어디에 써야 하나. 고민하다가 노트를 찾아봤다. 정작 노트가 없어서 못 쓰는 게 아니다. 마음이 중요하지 노트는 어디에 쓰든 상관이 없다. 그런데 이번에는 쓰다가 그만두고 싶지가 않았다. 앞부분만 쓰다 버리는 일을 반복하지 않으려고 애써 골랐다. 제대로 쓸 도구를 마련해야겠다는 생각으로 문구점을 샅샅이 뒤졌다. 그러다 적당한 사이즈의 마음에 쏙 드는 노트를 발견했다. 보는 순간 '아, 이거구나.' 하는 생각이 스쳤다. A4사이즈를 접은 절반 크기의 A5옥스포드 노트였다. '기필코 이 면들을 글씨로 가득 채워 주리라.' 맨 앞 표지에 '독서노트'라고 쓰며 비장의 각오를 다졌다. 사이즈가 딱 휴대하기 좋아 가방에 쏙 들어가서 좋았다. 그래서 어딜 가든 들고 다니며 썼다.

노트는 마련했는데 또 어떻게 적어야 하나. 일단 책 제목과 저자, 마음에 든 문장을 적었다. 왜 그렇게 쓰고 싶은 문장이 많은지 볼펜을 꾹 눌러 쓰는데 팔이 아팠다. 쓰다 보면 도대체 얼마나 적어야 하나 싶기도 했다. '이 정도 쓰는 시간이면 책 한 권을 더 읽겠는걸.' 그런 생각도 들었다. 좀 더 편하게 쓰는 방법은 없을까. 잘 쓰는 사람들을 보니 만년필로도 쓴다기에 다시 예쁜 만년필을 사서 적어봤다. 글쓰기에 팔이 덜 아프고 편하긴 했으나 그것 역시 불편함은 있었다. 언제 쓸지 모르는데 잉크를 미리 사두는 것도 낭비였고 교체하는 번거로움도 있었다. 그래서 어느 정도 쓰다가 접고 서랍 안에 고스란히 넣어 두었다.

그다음부터는 볼펜으로 쓴다. 볼펜이 가성비와 휴대하기에도 좋았다. 무엇이든 많이 쓰다 보면 요령도 생긴다. 마음에 와닿은 문장을 검은색 쓰고 그 아래에 파란색으로 내 생각을 덧붙였다. 또 중요한 문장은 빨간색으로 구분해서 쓴다. 여전히 많은 문장을 쓰느라 힘들기도 하다. 그래서 가능한 두 페이지를 넘기지 않으려고 애쓴다. 독서노트에 반드시 세 가지는 쓴다. 책에서 본 것을 적고 거기에 내 생각과 깨달음을 쓰면서 적용할 것을 찾는다.

그렇게 써온 독서노트가 벌써 23권이 되었다. 처음에는 힘들었지만 어느새 쌓인 노트를 보면 뿌듯하다. 요즘은 노트가 아니더라도 쓸 수 있는 공간은 많다. 블로그와 인스타, 각종 SNS에 독서평을 쓰는 사람들이 많다. 어디에 쓰든 책을 읽고 그 느낌을 써두어야 한다. 형식은 상관이 없다. 무엇이라도 적기만 하면 된다. 독서노트가 부담이 된다면 최대한 가볍게 시작하는 게 좋다.

한 줄이라도 간단하게 남기는 게 중요하다. 책 제목과 저자, 그리고 어떤 것을 얻었고 적용할 것은 무엇인지 꼭 써 두어야 한다. 그렇게 쓰면서 생각의 깊이가 더해지고 그동안 내가 읽어온 책들과 생각들이 모이면 큰 자산이 된다. 어디에도 비교할 수 없는 정신적 성장이 일어난다. 기록하는 동안에는 느끼지 못해도 분명 처음 쓸 때와는 다르다. 예전 노트와 비교해 보면 많이 달라진 것을 스스로 느낄 수 있다.

독서노트는 나중에 글을 쓸 때도 도움이 된다. 책 속의 구절들과 내 생각이 만나 다양한 글감이 되고 하나의 쓸 거리로 이어진다. 노트에 써놓은 문장들에 생각이 더해져 더 좋은 글이 나온다. 글쓰기 실력은 이렇게 쓰면서 다져진다. 책을 읽고 독서노트를 쓰면 글 쓰는 연습이 저절로 된다. 그렇게 써야만 온전히 내 것으로 남는다. 시간이 걸리더라도 써야 한다. 직접 써보지 않으면 알 길이 없다. 그러니 읽고 나서 독서노트는 기본이다.

변화를 위해서는
이렇게 해보자

일주일 두 권 읽기에 도전하자.

김원배

책을 읽고 행동으로 연결하지 못하는 지식은 무용지물이다. 책을 수백 권, 수천 권 읽어도 삶에 변화가 없다면, 온전히 읽었다고 말할 수 없다. 남들에게 지식을 자랑하기 위한 독서는 삶에 독이 될 뿐이다. 책을 읽으면서 스스로 변하겠다는 긍정적인 마인드가 나를 성장하게 만든다.

인생은 짧고 재미있는 책은 많다. 책 읽지 않기가 책 읽기보다 더 힘들다. 읽지 않았어도 읽은 척하라, 그러면 언젠가는 읽게 된다. 독서의 큰 적은 어차피 바보이즘이다. 나에게 어려운 책은 내게 필요 없는 책이다.

내게 필요한 책은 반드시 내게 쉽다. 빨리 읽는다고 이해가 안 되는 것도 느리다고 이해가 깊어지는 것도 아니다. 해마다 사람마다 적합한 이해의 속도가 있다. 문제는 책 읽는 기술이 아니라 책을 대하는 마음이다. 가토 슈이치의 『독서만능』 속에 있는 문장이다. 이 책은 가온도서관에서 대출받아 읽은 책인데 읽는 동안 어렵게 느껴졌던 책이다. 대부분의 독서 관련 책이 '~해라, ~는 식'의 책이라면 『독서만능』은 책을 어떻게 읽고 관리하는가에 초점이 맞춰진 책이다. 독서를 대하는 태도가 중요함을 알려주는 책이다. 일주일에 두 권을 읽는 것이 쉽지는 않지만 독서에 있어서는 진심어린 마음으로 실천하고자 다짐했다.

새벽시간 책을 읽어야겠다고 마음먹은 순간부터 전날 약속을 될 수 있으면 잡지 않게 되고, 저녁 식사를 하더라도 술은 마시지 않고 1차만 하고 귀가했다. 평소의 습관을 바꾸었더니 일주일 2권은 거뜬히 읽어낼 수 있게 된 것이다.

책을 읽다 보면 독서 습관으로 성공한 사람들의 이야기를 듣는다. 그분들이 10년 전 몰입하면서 매일 독서하고 스스로 삶을 설계할 때, 나는 무얼 하고 있었을까? 생각하게 된다.

지금도 늦지 않았다고 생각하면서 도전한 것이 새벽 시간 한 시간 책을 읽고, 1시간 필사하고 글을 쓰는 습관을 만드는 것이었다. 하루에 1시간씩만 책을 읽어도 350페이지 책을 1주일이면 완독할 수 있다. 1년이면 50권은 무난히 읽어낼 수 있는 시간이다. 나는 일주일에 2권을 목표로 1년에 100권을 읽고 서평을 블로그에 작성하는 것을 목표로 세우고 현재 진행 중이다.

1일 1시간을 확보하는 것이 중요한 출발점이나. 하루 나에게 주어진 24시간 중에 어느 시간이 가장 적절할지 최적의 시간을 확보해야 한다. 책 읽는 습관을 꾸준하게 갖기 위해서는 의지력과 실행력이 있어야 한다. 매년 50권씩 3년이면 150권을 읽는다. 한 분야의 책을 150권 읽는다면 그 분야에서 최고의 전문가로 성장할 수 있다. 하루 1시간씩 책 읽는 근육을 단련해야 한다. 1주일에 1권 완독을 목표로 1년간 50권을 읽겠다는 본인만의 사이클을 만들어야 한다. 1년에 50권을 5년 이상 지속했다면 어떤 변화가 일어날 것인지 상상해 봐라.

하루라도 빨리 실행해야 한다. 그래야 5년 후 후회하지 않는 삶을 살게 될 것이다.

독서에 대한 효과를 긍정적으로 생각하는 사람에게는 분명 효과가 있다. 오늘 읽은 책 한 권이 여러분의 삶을 바꿔줄 수 있다. 그냥 취미로 책을 읽지 말고 업무를 효율적으로 수행하고 한 분야의 전문가로 성장하기 위한 책을 읽어야 한다. 목적이 분명하면 반드시 이루어진다. 인생의 목표를 정하고, 그 목표를 이루기 위한 책을 읽어나가야 한다.

책을 읽고 내 생활에 적용하기 위해서는 첫째, 책을 읽으면서 마음에 와닿는 문장이나 업무에 필요한 글귀는 형광펜으로 표시한다. 둘째, 페이지에 따로 포스트잇을 붙여서 메모하거나, 책 여백에 메모한다. 셋째, 책을 다 읽고 표시한 부분을 독서 일기장이나 노트에 적고 글을 쓴다.

청소년이나 학부모 대상 진로특강에서 매일 꾸준하게 읽고 생각하라고 말한다. 열심히 공부하는데 성적이 오르지 않는 학생들은 1일 1시간 독서법을 1년 이상 꾸준하게 해보라고 추천한다. 집중력과 암기력이 떨어진다면 1일 1시간 독서에 투자하라. 하루 딱 1시간 책을 읽으면 1년 이후부터 뇌가 변하는 것을 체험하게 된다.

폰을 잠시 내려두고 자유를 만끽하자.   장은주

  독서의 중요성과 필요를 모르는 사람은 없다. 책이 유익하다는 걸 누구나 안다. 그런데도 쉽게 책을 펴지 못한다. 아는 것을 행동으로 옮기는 게 제일 어렵기 때문이다. 책을 펴지 못하는 이유가 뭘까. 많은 사람들이 책 읽을 시간이 없다고 한다. 사람들이 가장 많이 하는 변명이다. 시간 때문에 많은 걸 놓치고 살고 있다. 정말 시간이 없는 걸까.

  '하고 싶은 일에는 방법이 보이고 하기 싫은 일에는 변명이 보인다'는 필리핀 속담처럼 마음이 없는 것이다. 그러니 시간이 안 나고 변명만 찾게 된다. 독서에 있어 시간이 없다는 변명은 안 통한다. 그렇게 말하는 사람은 시간이 생겨도 책을 읽을 읽지 않는다. 무엇이든 간절함이 있다면 하게 된다. 생각해 보면 하고 싶은 일은 시간과 마음을 내서 다하며 살고 있다. 내 관심이 가는 일은 어떻게든 시간을 만들어서 다 한다. 독서 말고 다른 일에는 시간을 많이 보내고 있다. 왜 그토록 책 읽기가 힘들까. 평소 책을 읽어도 책에 집중이 안 되는 경우가 종종 있다.

  독서할 때 집중이 안 되는 이유를 생각해 봤다. 어디에 있든 가장 큰 방해꾼은 바로 스마트폰이다. 스마트폰으로 인해 집중력이 급격하게 떨어졌다. 사람의 집중력이 오래 갈 것 같지만 생각보다 짧다. 15분이 사람이 집중하는 최대의 시간이라고 한다. 대부분의 강연이 15분인 것도 그 이유다. 그 이상을 넘어가면 듣고 있어도 다른 생각을 할 가능성이 높다. 공부든 일이든 오래 집중 하는 게 예전만큼 잘 안 된다. 방해되는 것들이 주변에 많기 때문이다.

스마트폰은 생활을 편하게 해주었지만 너무 편해서 움직이지 않는 삶으로 변했다. 폰 하나만 있으면 방 안에서 종일 시간을 보낼 수도 있다. 다른 것에 집중은 안 돼도 폰에는 금방 빠져든다. 정신 차리지 않으면 헤어 나올 수가 없다. 편해서 좋았던 폰이 이제는 애물단지로 다가온다. 큰 방해요인이자 골칫거리가 아닐 수 없다. 어떻게 하면 기계가 주인이 된 이 그늘에서 좀 벗어날 수 있을까. 찾아보니 생활에 안 좋은 게 많이 보였다.

2020년 3월 발표된 대한가정의학회지에 따르면 "스마트폰 사용시간이 늘어날수록 우울감을 느끼고 극단적인 생각과 시도를 할 위험이 커진다."라고 한다. 미시건대학의 연구에서도 "SNS이용 시간이 길수록 주관적 행복감은 낮아진다."라는 보고가 있다. 스마트폰으로 할 수 있는 일이 많아지면서 사용 시간과 빈도가 많아지는 건 어쩔 수 없는 일이다. 그런데 통제하기 힘들고 그로 인해 불편하다면 심각하다. 폰이 바로 옆에 없을 때 불안한 적이 있는가. 그렇다면 생각해봐야 한다. 스마트폰을 하고 있으면 생각할 여유나 지루할 틈을 잠시도 주지 않는다. 그러면 기억력 저하, 의식 혼탁, 피로감이 더 증가한다. 스마트폰을 할수록 더 좋은 정보를 찾을 수 있다고 생각하는 사람도 많다. 하지만 이건 착각이다.

상시 인터넷 접속과 검색이 실질적인 건강 문제를 초래한다는 연구들과 스마트폰을 많이 사용하는 사람이 우울하다는 보고도 많다. 장시간 사용할수록 고독감과 우울감이 심화되었다. 극도로 사용하면 수면 부족으로 이어져 집중력이 떨어지고 주의가 산만해지며 업무 효율과 학습능력이 저하된다. 게다가 가족이나 지인과의 교류가 줄면서 사회적 교류도 줄어든다. 각종 사건들의 원인이 되니 문제가 아닐 수 없다.

이런 문제를 해결하기 위해 디톡스가 필요하다. 일과 중에 시간을 정해 스마트폰을 일시적으로 멀리해야 한다. 기계에 의존하면 편하지만 마음은 힘들어진다. 어떻게 하면 그런 피로감에서 좀 벗어날 수 있을까를 수시로 고민해 보자. 가끔 모든 기기를 꺼두면 좋겠다는 생각을 해본다. 모든 전자 기기를 시간을 정해두고 차단된 생활을 해보는 것이다. 그런데 과연 얼마나 견딜 수 있을지 자신은 없다. 당장 휴대폰을 꺼두면 한두 시간만 지나도 궁금해지지 않을까. 항상 연결되어 있으니 단절이 어색하다. 그래서 자꾸 보게 되고 힘든 순간들이 반복된다.

힘든 마음을 어디서 채울 것인가. 책이 답이다. 폰을 멀리 두고 시간을 정해 애써 책을 읽어야 한다. 책을 통해 마음을 충전하는 시간이 필요하다. 고요한 가운데 내 마음을 챙기는 게 우선이다. 손가락으로 온갖 정보를 찾는 일을 잠시 내려놓고 책과 마주하자. 그렇게 책을 앞에 두어도 역시나 스마트폰에서 벗어나기가 힘들다. 그러니 책을 읽을 때는 가능한 무음으로 해둔다. 무음으로 해둔다고 다 해결되지는 않는다. 눈에 보이도록 두면 한 번씩 눈길이 간다. 그래서 무음으로 하고 폰을 엎어 둔다. 사실 그렇게 해두어도 안심이 되는 건 아니다. 아무 소리도 안 나는데 괜히 신경이 쓰인다. 확인한 지 얼마 되지도 않았는데 수시로 카톡을 확인한다. 뭔가 왔을 것 같고 바로 답을 해야 할 것만 같아 자꾸만 들여다본다. 사람 심리가 그렇다. 이상하게 폰은 통제가 어렵다. 온갖 앱을 써서 사용시간을 체크하며 관리도 해봤지만 잘 안 되고 실패할 때가 많았다. 마음먹고 책을 펴도 치열하게 폰과 싸워야 하는 게 현실이다.

특단의 조치가 필요해서 온갖 방법을 구상해 봤다. '눈에서 멀어지면 마음에서도 멀어진다.'는 말대로 스마트폰을 시선에서 치워버리는 방법을 택했다. 어려운 과정을 거쳐야 귀찮아서라도 자주 안 찾을 것 같았다. 처음에는 열쇠가 있는 작은 서랍이 떠올랐다. 그런데 열쇠를 잘 챙겨야 하는 부담이 생겼다. 안되겠구나 싶어 책상에 앉아 천장을 바라보는데 문득 책장 맨 꼭대기가 보였다. 엄청난 높이의 책장은 웬만해서는 손이 안 닿는다. '저기 올려놓으면 되겠네. 그러면 의자를 딛고 올라서야 하니까 번거로워서 자주 안 보겠지.' 좋은 방법이다 생각했는데 이것도 시간이 지나면 안 할 것 같았다. 책장을 볼 때마다 방법을 구상하느라 머리를 굴렸다. '디톡스는 생각보다 어렵구나.' 번번이 기계와 멀어지는 건 쉽지가 않았다. 그럴수록 '무엇을 가까이해야 할까?'를 자주 생각한다. 기계와의 단절이 어려우면 그 반대로 좋은 걸 가까이하면 되니까.

고민 중에 딱 맞는 방법을 드디어 찾았다. 늘 들고 다니는 가방이 답이었다. 중요한 일을 할 때는 스마트폰을 가방에 넣어둔다. 지퍼를 잠그고 눈에 안 보이도록 하니 나름대로 편했다. 다른 공간에 두면 제일 좋지만 그럴 상황이 안 되면 가방에 넣어둔다. 웬만하면 손에 책을 들고 다녔다. 손에 무엇이 있는가에 따라 할 수 있는 게 달라진다. 책이 있으면 책을 읽게 되고 볼펜이 있으면 뭔가를 끄적이게 된다. 손에 폰이 있으니 자꾸 확인하는 것이다. 되도록 보이지 않는 곳에 치워야 한다.

가방에 넣어두면 좋은 점이 많다. 특히 지하철에서 편하다. 폰을 가방에 넣고 책을 손에 들고 탄다. 그러면 마음이 한결 가볍다. 폰이 없으니 할 수 있는 게 많지가 않다. 자연스레 시선이 바깥 풍경으로 향한다. 빠르게 흘러가는 창밖을 보다가 눈을 감는다. 숨을 고르며 정신없이 흘러가는 시간들을 떠올려본다. 폰이 없으면 그렇게 잠시나마 생각하는 시간도 주어진다. 어디쯤 왔나 하며 눈을 떴을 때 사람들이 시야에 들어왔다. 지하철에는 '폰을 하는 사람, 눈을 감고 있는 사람, 눈을 감고 폰을 하는 사람'이 세 종류의 사람이 있다고 한다. 나는 어떤 부류인가. 대부분의 사람은 폰을 들여다보느라 바쁘다. 물론 중요한 업무를 보거나 공부를 하는 사람도 있다. 어떤 업무를 하든 모두 폰을 보느라 고개를 숙이고 있다. 내릴 때 보면 대체로 시간을 때우는 사람들이 많다. 그 틈에 책을 읽는 사람을 보면 반갑다. 그래서 한 번 더 눈길이 간다.

이런 틈새 시간을 어떻게 보내느냐에 따라 인생이 달라진다. 그 시간을 활용해 책을 읽으면 어떤 혁명이 일어날지도 모른다. 자투리 시간만 모아도 일주일에 한 권은 읽을 수 있다. 쓸데없는 없는 검색을 줄이면 삶이 조금은 달라질 것이다. 변화는 생활의 그런 작은 부분에서 시작된다. 변화는 어느 순간 갑자기 일어나는 게 아니다. 노력이 쌓여야 변화가 나타난다. 잠시라도 내 일상을 돌아보자. 매일 눈 뜨면 전쟁이 시작된다. 바로 폰과의 전쟁이다. 폰에 대한 잔소리는 종일 이어진다. 집에서도 밖에서도 '폰 그만하라'는 말을 계속하게 된다. 나 자신에게도 마찬가지다. 다짐은 끝도 없다. 그런 일을 반복하지 말고 폰을 내려두는 연습부터 하자. 심심해서 견딜 수 없어지면 뭐라도 찾게 된다. 그때 폰 대신 책을 손에 들면 좋겠다. 그런 시간들을 반복하다 보면 책을 접어야 하는 아쉬움이 들 때가 온다.

어떤 것에 몰입하고 있는 사람의 모습은 언제 봐도 멋지다. 무언가에 푹 빠져야 한다면 책의 바다가 가장 매력적이다. 폰에서 잠시 벗어나 있을 때가 제일 홀가분한 것 같다. 늘 어딘가에 시선이 가고 매여 있으면 얼마나 불편한가. 어디에도 얽매이지 않는 자유! 그 자유는 책 읽을 때 더욱 느껴진다. 잠깐이라도 책 속에서 자유를 만끽해 보자. 진정 마음의 풍요와 고요를 누릴 수 있다.

나를 돌아보는 시간이
중요하다

열등감을 극복하기 위해 책을 읽다.

김원배

대학교 3학년 여름 방학 때 김포에 사시는 대고모님 댁을 가기 위해 안양에서 강화행 버스를 탔다. 버스 뒤쪽에는 대학생들이 여행이라도 가는지 열댓 명이 앉아서 이야기꽃을 피우고 있었다. 나는 중간쯤 앉으면서 학생들을 보니 낯이 익은 얼굴이 보인다. 초등학교 5학년 때 전학을 와서 공부 좀 했던 S였다. S는 D대학교 중문과를 다니고 있었다. 동기들과 강화도로 여행을 가는 모양이다. S와 나는 눈이 마주쳤지만 아는 척하지 않고 자리에 앉았다. 친구보다 낮은 대학교 다니는 내 모습이 초라했기에 모른 척하고 김포까지 갔다. 초등학교 동창이면 반갑게 서로 인사도 하고 친구들 소개도 받았을 텐데 나는 학벌에 대한 열등감으로 그러하지 못하고 말았다.

초등학교, 중학교 시절에는 그런대로 공부 좀 할 줄 아는 아이로 인정을 받았는데, 고등학교를 졸업하고 친구들은 이름 있는 대학교에 척척 합격을 했다. 나는 그들과는 달리 삼류 대학교로 진학을 하게 된다. 학생들이 선생님은 어느 대학 졸업했냐고 물어보면 단국대학교 교육대학원 졸업해서 석사라고 대답한다. 학부에 대한 대답은 아직도 하지 못하고 있다. 열등감에서 벗어나지 못하고 있기 때문이다.

"대학원 다녀봐."
"저 영어도 짧고, 아는 것도 없는데 제가 어떻게 대학원을 가요?"
"행정학과 나왔으니 사회 분야 교사자격증 취득할 수 있어?"
"정말 가능할까요?"

대학 4년도 부족함을 느끼며 겨우겨우 졸업했는데 대학원을 간다는 것은 부족함을 채우기 위한 배움이 아니라 나의 부족함을 더 드러내게 될까 봐 겁이 나서 선뜻 결정하지 못했다. 옆에서 아내는 한 번 도전해보라고 응원을 해줬다. 아무것도 하지 않는 것보다 도전해보고 후회하는 것이 나을 것 같아서 원서를 넣고 면접을 보러 학교를 갔다. 면접관이 질문하는데 어떻게 답변해야 할지 막막했다. 우물쭈물 몇 마디 대답을 했다. 다행이 합격통지서를 받고 입학을 했다. 필자는 2년 반 동안 나름대로 열심히 공부해서 석사학위를 취득했다. 대학원 졸업은 열등감 속에서 살았던 나를 세상 밖으로 한 발자국 나오게 하는 계기가 됐다.

40대 중반까지는 자신감 부족과 열등감 속에서 살았다. 공부하는 만큼 성적도 나오지 않고, 친구들과 대화 속에도 항상 말없이 친구들 떠드는 것만 듣고 바라볼 뿐이었다. "쟤네들은 어떻게 저렇게 말도 재미있게 잘 하지." 말 잘하는 사람을 보면 부러웠다. 부러운 것도 열등감일까?

"김샘, 대학 어디 나왔어요."

"선생님은 대학 어디 나오셨어요?"

"저는 들이대 나왔습니다."

어느 대학 나왔는지 모두 궁금해한다. 어느 곳에서도 내가 졸업한 대학은 밝힌 적이 없다. 대학원 석사과정만 이야기할 뿐이다. 아직도 학벌에 대한 열등감이 깊기 때문일 것이다. 왜들 대학 졸업을 어디서 했는지 궁금해하는지 모르겠다. 어느 대학교를 졸업했든지 지금 상황이 중요하다. 이런 마음가짐으로 열등감을 모면하려고 노력했다.

열등감이란 다른 사람에 비히어 자기가 뒤떨어졌다거나 자기에게는 능력이 없다고 생각하는 만성적인 감정이다. 열등감에 빠진 사람은 자기 자신을 무능하고 무가치한 존재로 여기며 무의식 속에서 자기를 부정하기도 한다. 합리적이거나 이성적이지 못하고 불안 심리를 동반한 이상 행동을 보이기도 한다. 또한 항상 경쟁에서 자기는 실패할 거라는 생각에 사로잡혀 있기도 하다.

열등감 유형으로는 현실도피 형, 소극적인 태도형, 유머 속 숨겨진 유형, 우유부단형, 버럭형 등이 있다.

열등감을 가진 사람은 자기의 단점이 폭로될 상황에 직면하면 불안과 공포를 느낀다. 그렇다 보니 그러한 상황에 직면하는 것을 회피한다. 성격은 소극적이고 주저주저하며 겸손하고 고독을 사랑하며 내성적이다. 그러나 반대로 공격적인 행동을 하는 사람도 있다.

타인의 시선이나 비판에 신경 쓰지 않고, 이 세상에 완벽한 것은 없다는 사실을 받아들이는 순간 나의 마음은 편해졌다. 나의 강점과 약점을 파악하고 인정하면서 내가 어떤 것에 집중해야 하는지 알게 됐다. 나의 강점인 긍정적인 마인드와 꾸준한 실행력을 가지고 자기 계발을 하기 시작했다.

열등감을 어떻게 극복하느냐에 따라 삶의 방향이 바뀐다. 내가 자신감 부족과 열등감에서 벗어날 수 있었던 중요한 이유는 긍정적인 자신감과 꾸준한 독서 덕분이다. 내 삶은 내가 스스로 개척해 나가야겠다는 믿음 하나가 독서와 자기 계발에 시간을 투자하면서 열등감의 깊은 수렁에서 빠져나올 수 있었다.

잘 나가는 주변 사람들을 부러워하고 열등감을 느끼지 마라. 그래도 열등감이 느껴진다면 당신도 잘 나가고 성공하기 위해 독서하고 생각하며 스스로 삶을 개척해 나가야 한다. 독서란 새로운 것을 알고, 그것을 내 삶에 적용하고자 하는 노력의 축적이다. 그래서 독서의 의미를 제대로 알면 독서 자체가 기쁨으로 충만해진다.

가끔은 방구석 휴가도 필요해 장은주

    사람들은 언제 충전하고 쉴까. 직장인이나 학생들 모두 주말을 기다리며 산다. 하지만 이틀은 금방 지나가고 잠깐이라 늘 아쉽다. 분주하게 움직이고 월요일 아침이 되면 주말의 여파로 다시 피곤해진다. 그러니 자연스레 휴가를 기다리게 된다. 그렇게 기다려온 휴가도 만만치 않다. 떠나는 것은 좋지만 이것저것 감당해야 할 것들이 많다. 그래도 애써 떠나는 이유는 그 자체로 얻는 게 있기 때문이다.

    강연가로 유명한 김창옥 작가는 그의 저서에서 "매일 짧은 시간이라도 자신이 좋아하는 걸 할 수 있다면 매일이 휴가고 매일이 충전이 될 수 있다."라고 한다. 다른 일로 생긴 스트레스가 쌓일 새도 없이 자신이 좋아하는 것에 몰입할 때 스트레스가 사라진다고 말이다. 퇴근할 때 그의 강연을 유튜브로 즐겨 듣는 편이다. 유쾌한 강연을 듣고 있으면 저절로 기분이 좋아진다. 유머러스한 이면에 이토록 진지하고 신중함이 숨어 있다는 게 놀랍다. 그의 말에는 언제나 삶에 대한 통찰들로 가득하다. 말솜씨가 뛰어나지만 글 솜씨는 더욱 매력적이다. 따뜻하고 진솔한 마음이 가득 느껴지기 때문이다. 저자의 말처럼 매일 짧게라도 자신이 좋아하는 걸 할 수 있으면 그게 휴가라는 생각이 들었다.

멀리 갈 것도 없이 집에서 편하게 쉬는 휴가, 생각만 해도 멋지지 않은가. 그런데 조용히 집 안에 머무를 시간이 사실 많지가 않다. 집이 휴식이 아닌 잠자는 공간이 되어 버린 사람들은 더 그렇다. 어쩌다 시간이 나서 집에 머물러도 쉬는 게 아니다. 온갖 집안일들이 눈에 들어온다. '아무것도 안 하고 그저 쉬는 날이 있었으면.' 하는 생각을 해 본다. 그런 마음이 간절했는지 나에게도 휴가가 주어졌다. 일명 방구석 휴가다.

코로나가 한창이던 어느 날, 몸이 안 좋아 병원에 갔다가 확진 소식을 들었다. 어느 정도 예상했기에 담담하게 받아들이고 일주일간 집에서 조용히 격리를 했다. 휴가를 원했는데 이런 식으로 맞이하게 될 줄은 몰랐다. 일주일간 꼼짝없이 방에 갇힌 신세가 되었다. '평소에 하지 않던 것들을 하며 푹 쉬어야지.' 긍정적으로 받아들이고 모든 짐을 챙겨 안방으로 들어갔다. 동굴 속으로 들어가는 기분이 썩 나쁘지는 않았다. 이렇게라도 하지 않으면 또 언제 이런 강제적 자유가 주어질지 모를 일이었다.

아픈 중에도 노트를 펴고 휴가 계획을 세웠다. 처음 며칠은 좋았다. 영화도 보고 미루어 두었던 책들을 잔뜩 쌓아놓고 읽었다. 단순한 생활을 이어가니 마음이 평온했다. '아, 이런 휴가는 자주 떠나면 좋겠구나.' 하는 생각마저 들었다. 하지만 며칠이 지나 다시 위기가 찾아왔다. 3일째 되던 날, 병원에서 처방받은 약이 다 떨어지고 호흡할 때마다 계속 기침이 나왔다. 말도 못 할 지경이 되었던 그날 밤, 오한과 근육통으로 누워서 끙끙 앓으며 급기야 고열로 밤새 잠도 못 자고 극한의 고통에 시달렸다. 두 종아리가 바늘로 쿡쿡 찌르는 듯 매 순간 아파서 숨을 쉬기도 힘들었다. 온도계에서는 41도를 찍으며 계속 경고음 소리가 들려왔다. '내 생애 이토록 뜨거운 밤을 보낼 수도 있구나.' 이렇게 고통스런 기억은 오랫동안 잊지 못할 것 같았다.

열이 40도가 넘으면 말로 할 수 없을 정도로 고통스럽다. 의식이 혼미해지고 고개를 들 수조차 없다. 물수건을 머리에 얹고 최대한 시원한 상태를 유지하기 위해 방바닥에 드러누워 3시간을 멍하니 있었다. 그 와중에도 눈을 감고 머릿속에 둥둥 떠다니는 잡다한 생각들로 괴로웠다. '이러다 열이 안 떨어지면 어쩌지. 죽는 거 아닌가.' 하는 망상들로 머리가 더욱 지끈거렸다. '열이 더 올라가면 어떻게 될까' 어둠 속에서 온갖 생각에 사로잡혔다. 이성이 거의 마비된 상태에서 할 수 있는 일이란 그저 누워서 아침이 언제 오나 기다리는 것 뿐. 잠을 한숨도 못자고 시계만 쳐다보며 지새웠던 그 밤. '사람이 살면서 이토록 아플 수도 있구나.' 눈을 뜨고 있는 그 시간이 무섭기도 했다. 다행이 날이 밝아올 즈음 가까스로 열이 내렸다. 아침 일찍 병원에 가서 수액을 맞고 2시간 후 정상을 회복했다.

그러나 이후에도 코로나로 인해 불편한 증상들은 오래 지속되었다. 이른바 롱코비드로 생활 속에서 마주하는 것들에 대한 감흥이 사라져 갔다. 컬러 TV를 신나게 보다가 흑백으로 바뀐 것처럼 주변에 보이는 것들이 색채 없이 심드렁해졌다. 시간이 갈수록 상황이 더 심각해졌다. 가끔 '왜 이럴까?' 싶을 정도로 무기력함이 수시로 찾아왔다. 이러다가 생활패턴이 바뀌는 게 아닐까 싶기도 했다.

고통 속에서 일상을 진지하게 돌아보았다. 무엇이 이렇게 만들었을까. 아픈 시간은 평소 생활을 점검하는 계기가 되었다. 일어난 사건보다 그것에 대한 해석이 중요하기에. '나를 더 들여다보라고 이런 시간을 허락한 게 아닐까?' 그때를 돌이켜 보니 다 이유가 있구나 싶다. 인생에서 가장 뜨거웠던 기억은 언제인가. 몸이 아팠다가 회복되니 비로소 내가 보였다. 이때가 아니었으면 늘 똑같은 생활에서 생각할 여유도 없었을 것이다. 강제적 멈춤이 있었기에 생각할 시간도 주어진 것이다.

휴식을 위해 휴가철을 기다려야 할까. 일부러 휴가를 기다리지 말고 수시로 나에게 휴식을 선물하자. 일에 지치다 보면 오롯이 나만의 휴식을 만드는 게 잘 안된다. 그러다 결국 일에 지치고 아파서 집에서 쉬게 된다. 내 몸이 아파서 쉬는 것보다 진정 신호를 보내올 때 바로 휴식해야한다. 휴식을 다음으로 미루지 않아야 한다. 시간을 기다리다 기회가 안

올지도 모른다. 지친 나를 위해 굳이 멀리 갈 필요는 없다. 가까운 곳에 좋은 장소가 있지 않은가. 온갖 소음으로부터 차단되어 오롯이 나와 마주할 공간, 바로 집이다. 집에서 제일 편한 장소를 찾아 휴가처럼 쉴 수 있으면 좋겠다.

방구석 휴가는 아플 때 말고 컨디션이 좋을 때 가는 게 낫다. 그래야 산뜻한 기분으로 좋아하는 걸 즐길 수 있으니까. 평소 읽고 싶었던 책들을 쌓아놓고 느긋하게 있어보면 꽤 만족스럽다. 온갖 스트레스에서 멀어져 몸도 마음도 충전된다. 그게 진정한 힐링이 아닐까 싶다. 가끔이라도 나를 위해 그런 방구석 휴가가 필요하다.

04

독서광들처럼
책에 미쳐볼까

책에 미쳐보기로 했다.   김원배

"선생님, 필요한 책을 찾아서 읽는 사람은 얼마나 될까요. 50% 정도 될까요?"

"에잇, 그렇게나 많을까요?"

"그치요, 너무 많이 잡았을까요?"

"음, 30% 정도는 되지 않을까요?"

동료 선생님과 나눈 대화다. 우리나라 성인들의 독서량은 자꾸 하락한다는 소식이 매년 기사화되고 있다. 30%도 너무 많이 잡은 수치일까? 그냥 내 생각일 뿐이다. 역사적으로나 세계적으로 명문가들은 저마다 독특한 독서교육을 통해서 인재들을 배출해 왔다고 볼 수 있다.

2차 세계대전을 승리로 이끈 윈스턴 처칠을 우리는 영국의 정치인으로 알고 있지만, 그는 노벨 문학상을 수상했고 수채화를 그리는 화가로도 유명하다. 처칠은 매일 5시간씩 책을 읽었다고 한다. 하루 24시간 중에 5시간을 독서에 투자했다는 것은 엄청난 독서광 아니면 힘든 상황이다. 처칠은 "책은 많이 읽는 것이 중요한 것이 아니라 책 속의 내용을 얼마나 자신의 것으로 소화해 내느냐가 중요하다."라고 말한다. 윈스턴 처칠이 집필한 『제2차 세계대전』에서는 2차 세계대전 초기부터 국가의 지도자로서의 처칠의 조국과 국민에 대한 사랑과 의무와 책임, 사고와 행동은 독자들로 하여금 감동을 주는 책이다.

미국의 기업가이자 투자자인 워런 버핏은 어렸을 때 별명이 '책벌레'일 정도 책을 늘 가까이했다. 열 살 때 오마하 공공도서관을 찾아 투자 관련 책을 모조리 읽었다고 한다. 그는 한 분야의 전문가가 되려면 다른 사람보다 다섯 배 이상 집중적으로 읽어야 성공할 수 있다고 말한다. 또한 꾸준히 읽고, 배우고, 다른 사람들의 말에 귀담아듣고, 일에서는 우선순위를 정하는 습관을 가져야 한다고 강조한다.

조선시대 5대 독서가로 꼽힐 정도로 방대한 독서량을 보여준 율곡 이이는 "사람이 이 세상에 태어나 살아가는 데 있어 공부를 하지 않으면 사람다운 사람이 될 수 없다."라고 말한다. 책을 읽을 때는 조용히 앉아 깊이 연구하고 구절마다 반드시 실천하는 방법을 생각하라라고 전하고 있다.

독일문학의 거장인 요한 볼프강 폰 괴테는 "나의 문학은 어머니가 들려준 이야기로부터 창조되었다."라며 어머니의 독창적인 독서법이 자신을 작가로 만들었다 말을 했다. 괴테의 어머니는 밤마다 어린 괴테에게 전래동화 한 편씩 읽어주었는데 이야기 끝부분에서는 "아가야, 그다음은 네가 완성해 보렴."이라고 말하면 괴테는 이야기의 마지막을 완성하느라 늘 생각에 잠겨 있었다고 한다. 스스로 끝을 생각하며 창의력과 상상력이 어렸을 때부터 발달되었던 것이다.

무조건 책을 많이 읽는다고 해서 모두 위대한 사람이 되는 것은 아니지만 위대한 사람들이 대부분 책을 많이 읽는 독서광이었다는 사실이다. 독서를 통한 방대한 간접경험들이 성공한 사람들 못지않은 상황을 만들어낼 수 있을 것이다. 취미 독서가 아니라 깊이 있는 다독이 위인들이 가지고 있는 통찰력과 자격조건을 가질 수 있을 것이다. 매일 읽는 습관은 삶 속에서 새로운 상황에 도전하게 하고 업무에 있어서는 빠르게 전략을 수립할 수 있는 민첩성을 기르기도 한다. 미래 사회 변화와 트렌드를 제시히는 책, 시행착오아 경험 사례를 공유하는 책, 대인관계를 높이고 협력을 증진하는 방법을 알려주는 책, 한 분야의 전문가가 집필한 책 들을 읽으면 현재 겪고 있는 시점에서 효과적으로 민첩성을 발휘하는 원동력이 될 것이다.

세계최고의 여성 앵커 오프라 윈프리는 "나를 이렇게 만든 것은 독서입니다."라고 말한다. "책을 읽어도 변하지 않는다."라고 말하는 사람들도 있다. 오프라 윈프리와 책을 읽어도 변하지 않는다고 말한 사람들의 차이점은 뭘까? '얼마나 치열하게 읽고 자신의 삶에 반영해 봤느냐?'의 차이일 것이다. 물이 팔팔 끓으려면 100도가 넘어야 한다. 임계량이 돌파되어야 물이 끓는 것처럼 책 읽기도 임계량이 도달해야 정신과 두뇌, 마음과 영혼이 도약하고 날아오른다. 성공한 사람들은 매일 독서를 통해 임계량을 돌파하고 책 속의 내용들을 자신의 삶과 사업에 적용하며 살았기 때문이다. 성공하길 원하는 사람은 많지만 누구나 그 성공이라는 것을 쟁취하지는 못한다. 실패라는 것은 항상 존재하지만 극복하는 사람들은 실패를 경험 삼아 자신을 더 강하게 만들고 반드시 성공할 수 있다는 자신감으로 똘똘 뭉치게 된다. 독서는 실패를 극복하고 성공으로 가는 방향을 알려준다. 삶을 살기 위해 필요한 지혜와 지식 그리고 통찰력을 기르기 위한 책을 읽는 습관을 갖자.

무엇보다 책에 미치면 즐겁다.   장은주

삶에 영향을 주는 요인들은 다양하다. 마음만 먹으면 나에게 필요한 정보를 쉽게 찾고 그걸 통해 변화를 만들어낼 수가 있다. 수많은 매체 중에 무엇보다 가장 강력한 것이 책이 아닐까. 커피 몇 잔을 아끼면 책을 살 수가 있다. 그럼에도 사람들은 책을 읽지 않는다. 당장에 책보다 커피가 먼저다. 향으로 누리는 순간의 즐거움을 위해 커피를 손에 든다. 가볍게 커피는 사지만 책 사는 돈은 왠지 아깝게 느끼는 사람도 있다. 다른 것에는 아무렇지 않게 돈을 쓰면서도 책을 사지는 않는다. 인생에서 가치를 두는 부분이 저마다 다르기 때문이다. 더구나 짧은 창작물에 열광하는 사람들에게 책은 더 멀게 느껴진다. 원하는 정보를 그저 빨리 얻으려 한다. 진지하게 정보를 얻느라 기다릴 인내심도 시간도 많지 않다. 연간 독서량은 갈수록 줄어들고 진지하게 책 읽는 사람을 찾아보기도 어렵다. 그래서인지 책을 손에 들고 있는 사람을 보면 반갑다.

옛날에는 책에 미친 사람이 많았다. 역사에서 독서광의 이야기는 늘 울림을 준다. 특히 조선시대에는 독서광이 꽤 많았다. 백곡 김득신(1604~1684)은 10세 때 겨우 한글을 떼고 20세 때 학문을 깨우칠 정도로 진도가 늦었다. 하지만 그 이후 책을 읽으면서 삶이 완전히 바뀌었다. 그는 사기 열전에서 '백이숙제 열전' 부분을 1억 번 넘게 읽었다고 한다. 그 저 놀라울 따름이다. 또한 독서기록에 1만 번 이상 읽은 책을 적어놨는데, 그 수가 36편이나 된다. 서재 이름을 '억만재'라고 부르는 것도 그 이유다. 이런 엄청난 노력 끝에 59세에 장원급제 했으며 자신만의 문학세계를 창조해 나갔다.

그에 관한 유명한 일화가 있다. 길을 가다 우연히 들은 문구가 어디서 봤는지 기억나지 않았다. 그때 같이 있던 머슴이 "어르신이 하도 많이 읽으셔서 저도 기억이 나는데 왜 그러십니까?"라고 말을 건넸다. 그 순간 '백이전'의 문구임을 알아챘다고 한다. 또 전염병이 창궐해서 많은 사람들이 희생당했을 때 한 지인이 "전염병으로 죽은 사람 수와 자네가 읽은 책 중 어느 쪽이 더 많은가?" 하고 물어보았다는 이야기도 있다. 그가 얼마나 책을 열심히 읽었는지 가까이서 지켜본 사람들이 알아볼 정도였다.

정조는 조선의 어느 왕보다 학문을 사랑했다. 그래서 '독서대왕' 또는 '공부의 신'이라 불렸다. 관련된 수많은 일화들이 그걸 증명해 주고 있다. "매일 짬을 해서 한 쪽씩 읽는 게 쌓여 몇 년이면 경서를 통달할 수 있다." 일이 바빠서 책 읽기가 어렵고 공부할 시간이 없다며 변명하는 신하들에게 이처럼 말했다. 게다가 책을 읽을 수 없더라도 서재에 들어가 책상을 어루만지기만 해도 충분하다고 하였다. 바쁘면 책을 만지는 것만으로도 충분하다니 그의 책 사랑이 고스란히 전해진다. 정조의 취미는 독서와 책 수집, 그리고 숨겨진 취미가 하나 더 있었다. 바로 인장찍기인데 자신이 소장하거나 다 읽은 책에는 꼭 본인의 도장을 찍었다고 한다. 개인 도장이 확인된 것만 100여 개가 넘고 책을 나눠 줄 때는 '나눔 전용' 인장을 찍기도 했다. 인장은 수집한 책 이외에도 가족들과 신하들에게 보내는 편지와 시문 등 개인적인 문서에 사용했다. 책 한 권을 읽고 나서 자신이 아끼는 도장을 골라 꾸욱 눌러 찍으며 미소 짓는 모습은 상상만으로도 멋지다. 이런 취미생활이 독서에 충분한 동기부여가 되었으리라 짐작한다. 일정한 독서습관을 형성하고 독서광이 되는 데 분명 도움이 되었을 것이다.

취미로 책을 읽을 때 한 권을 읽고 나서 맨 앞장에 스탬프를 찍어본 적이 있다. 문구점에 가면 마음을 사로잡는 예쁘고 깜찍한 캐릭터들이 수없이 많다. 어떤 걸 살까 두리번거리며 신중하게 고르고 책을 다 읽기를 기다렸다가 꾹 눌러 찍는 재미가 있었다. 그런데 가끔씩 하다 보니 어디에 있는지 찾기도 번거로웠다. 어느 순간 재미도 사라졌다. 스티커를 붙여봐도 그 재미가 덜 했다. 책을 너무 사랑해 나만의 흔적을 남기고 싶은 강한 욕구가 아니면 지속하기란 쉽지가 않다. 그러니 정조의 책에 대한 열정은 감히 넘사벽인 듯하다.

세종대왕은 독서대왕이다. "나는 매일 새벽 한 시에 일어나 옷을 갖춰 입고 책을 보았다. 밥을 먹을 때도 좌우에 책을 펴 놓았고, 책 읽느라 밤을 지새운 날도 많았다. 궁궐 안에 내가 읽지 않은 책은 없을 정도였다." 조선왕조실록에 나오는 내용이다. 그리고 이런 말도 남겼다. "내 일찍이 여러 책을 읽어 의문이 거의 남아 있지 않다고 생각해 왔는데 이 책을 읽어보니 궁금한 점이 한두 가지가 아니구나. 이러니 학문이란 참으로 끝없다 할 수밖에." 세종대왕은 그야말로 책벌레였다. 나라를 살리기 위해 지독하게 독서를 했다. 책을 읽으면 읽을수록 궁금한 것이 더 많아지고 부족함을 느끼게 된다. 그러니 더 읽을 수밖에 없다. 읽지 않으면 그걸 모른다.

'백치미 섹스심벌' 하면 누가 떠오르는가. 바로 영화배우 마릴린 먼로다. 금발 미녀의 상징적 이미지로 알려져 있다. 하지만 사람들은 그 뒤에 있는 진짜 먼로의 삶에 대해 잘 모른다. 그녀는 지독한 독서광이었다. 한 아이돌 그룹의 신곡에서는 그녀를 "철학에 미친 독서광."으로 묘사하기도 했다. 그녀가 독서광이었던 것은 죽고 난 뒤 세상에 알려졌다. 경매에 나온 애장품을 보고 다들 깜짝 놀랐는데 거기엔 바로 400권이 넘는 책이 있었다. 문학과 신학 등 다양한 분야를 넘나드는 책들과 엄청난 독서 이력은 그녀가 얼마나 책을 사랑했는지 알 수 있다. 먼로가 즐겨 읽은 책은 월트 휘트먼의 시집인데 읽고 있는 모습이 여러 장소에서 사진으로 찍히기도 했다. 이렇게 독서로 다듬어진 아름다움은 어디에서도 빛이 난다.

오랜 세월이 지났지만 대학 생활을 떠올리면 기억나는 장면이 있다. 강의를 마치고 집으로 가던 중 체육관 근처에서 어떤 교수님과 마주쳤다. 그런데 그 교수님은 어떤 여학생과 팔짱을 끼고 계셨다. '어. 왜 저렇게 여학생과 다정하게 팔짱을 하고 걸으실까?' 다음 날에도 그 앞을 지나는데 교수님이 걸어오셨다. '오늘은 다른 여학생과 팔짱을 하고 가시네.' 늘 한결같이 여학생과 팔짱을 하며 걸으시는 교수님이 의아했다.

어느 날 친구와 함께 걷다가 또 교수님과 마주치게 되었다. "저 교수님 참 이상하지 않아?" 하고 물었다. 친구의 대답이 놀라웠다. "국문학과 교수님이신데 책을 너무 많이 읽어서 눈이 멀었대. 그래서 책 읽어주는 알바를 고용하신 거야." 영화에서나 보던 책 읽어주는 알바를 실제로 보게 되다니. 그때 친구의 말이 아직도 생각난다. '책을 얼마나 읽었으면 눈이 멀었을까.' 많은 책을 읽으면 정말 그렇게 될 수도 있을까 궁금하기도 했다. 자세한 사연은 알 수 없지만 분명한 건 책에 대한 뜨거운 열정이다. 눈이 안 보이면 보통은 포기할 텐데 어떻게든 방법을 찾아서 읽으시는 모습이 다르게 다가왔다. 시력이 좋아서 책을 마음껏 볼 수 있다는 것이 참 감사한 일이구나, 그런 마음으로 책을 마주하게 된다.

인생에서 성공한 사람들은 대체로 독서광이다. 독서를 통해 삶의 변화를 만들어내는 데 성공한 사람들이다. 책을 자주 읽어야 그들처럼 삶이 바뀐다. 자신에게 독서 습관을 선물하자. '미쳐야 미친다'는 말이 있다. 자신이 원하는 것이 있으면 미칠 정도로 몰입해야 한다. 그래야 어느 정도 수준까지 올라간다는 말이다. 그래서 책에 미친 사람들은 어떤 면에서든 남다르다. 세상에 있는 쾌락들은 시간이 지나고 나면 종종 후회가 따를 때가 있다. 그런데 그런 유혹 중에 책에 미치는 것만큼 가치 있는 게 있을까. 책에 미치면 즐겁다. 세월이 흘러 자신에게 좋은 것으로 보상해준다. 그러니 기왕이면 책에 미치는 게 좋다.

05

한 문장을
만나기 위해

한 문장으로 운명이 바뀌었다.　　　　　　　　　　　김원배

책을 읽을수록 책은 많은 것을 남겨준다. 진로와 독서 관련 강연을 하면서 뇌 과학이 밝혀낸 독서의 효과에 대해 얘기해 주기도 하고 나의 사례를 말하기도 한다. 책 속의 한 문장이 나의 운명을 바꾸고 성장하게 만든다고 나는 믿는다.

『생각의 각도』의 저자 이민규 작가는 책 속에서 "우리에게 일어나는 일의 90%는 우리가 마음대로 바꿀 수 없는 것이며, 10%만이 우리가 마음대로 바꿀 수 있는 것이다. 그 10%는 우리의 선택이다. 그런데 그 10%가

우리 운명의 90%를 결정한다."라고 말한다. 이 한 문장은 기존의 고정된 생각을 벗어나게 해줬다. 고정 마인드셋에서 성장 마인드셋으로 바뀌는 계기가 된 문장이다. 이루어지지도 않을 일들에 인간은 고민을 하게 된다. 주어진 생활 속에서 편안함을 누리며 살기보다는 나의 잠재력을 깨우치기 위해 부단히 책을 읽고 공부를 하기 시작했다. 이럴 때 나를 아는 사람들은 내가 기적을 만들었다고 말을 한다. "수줍음 많던 네가 어떻게 아이들을 가르치고 책을 쓰니?" 교사가 되었다고 했을 때 고향 사람들이나 친구들이 했던 말이다.

『인간 본성의 법칙』에는 "내가 갖지 못한 것을 소유하고 끊임없는 욕망은 인간만이 가진 두드러진 특징이다. 당신이 처한 환경, 당신의 운명을 적극 끌어안아 당신 안의 약점을 극복하라."라는 글이 있다. 우리에게 기쁨은 만족에 있는 것이라기보다는 그 무엇인가를 쫓는 과정에 있는 것이라고 할 수 있다. 인간이 가지고 있는 욕망은 끊임없이 솟아난다. 누구에게나 가지고 싶고 하고 싶은 욕망은 존재한다. 나에게 주어진 상황을 나쁜 방향으로 비관하기보다는 적극적으로 상황을 인식하고 벗어날 방법을 찾는 과정 속에서 약점을 극복하고 목표를 이루게 될 것이다.

2018년 마지막으로 중학교 1학년 아이들 담임을 했다. 3월 개학 첫날부터 학부모님들과 학생들에게 책을 읽고 매주 주말에 문자로 독서 감상문을 제출하라고 했다. 제출하지 않으면 월요일에 남겨서 1시간 동안 의무적으로 책을 읽어야 한다는 것도 알렸다. 1년 동안 이 프로젝트를 진행하면서 아이들의 끈기와 잠재능력을 파악할 수 있었다. 10대 청소년들에게는 뭐든지 빨아들이는 스펀지 효과가 강했다.

『이솝우화』에 나오는 황금알을 낳는 암탉은 주인이 황금알을 꺼내려고 암탉 배를 갈랐다가 결국 다시는 황금알을 낳지 못한다. 욕심부리지 말고 있는 그대로 만족하며 살아야겠다.'

『유망직업 미래지도』를 읽으면서 로봇이 사람보다 똑똑하고 완벽하다 보니 점점 일자리도 로봇들이 차지하면서 많은 사람들의 일자리를 빼앗아가고 줄어들게 하고 있다. 지금 시대도 로봇이 자주 보이는데, 미래에는 어떨지 궁금하다. 로봇이 완벽하다고 해서 일자리를 차지하는 것이 좋지 않다고 생각한다.'

위 두 사례는 아이들이 주말에 보내온 독서 감상문 중 일부다. 반강제적으로 시작된 주말 독서 감상문 보내기는 나름대로 책 속에서 자신을 발견하고 앞으로 어떤 삶을 살아가야 할지를 생각하는 계기가 된 것이다. 좋은 책을 읽는다는 것은 꿈을 이루는 과정이라고 할 수 있다. 책은 올바른 가치관을 형성하게 하고, '나는 누구인가?'의 질문에 답을 얻을 수 있고, 인생 2막을 이렇게 살아야 하는지를 알려준다. 지인들에게 인생 2막 준비로 책을 출간하자고 제안을 한다. 대부분 "내가 책을 쓸 수 있겠어? 나까지 책을 쓸 필요가 있을까요?"라고 말하면서 거절한다. 책을 나보다 더 많이 읽었지만 생의 마지막까지 책 한 권 출간하지 못할 것이다. 수백 권의 책을 읽었지만 책 속의 문장들을 자신의 삶에 적용하는 데 어려움을 겪었다든지 취미로 읽었을 뿐이지 자신의 성향과 상황에 변화를 가지려는 노력이 없기 때문이다.

진로수업 시간에는 독서와 글쓰기를 강조한다. 디지털 세대인 요즘 아이들은 생각하는 것을 힘들어한다. 생각하지 않아도 스마트폰에서 검색을 하면 뭐든지 알려주기 때문이다. 활동지를 작성하는 것을 보면 생각 없이 빈칸을 채운다. "구체적으로 적어봐." 교실을 돌면서 학생들에게 한마디씩 한다. 그냥 적지 말고 생각하면서 적으라는 말은 수없이 하고 다닌다. 생각 없는 행동은 독서에서 얻는 즐거운 경험을 하지 않았기 때문이다. 초등학교 시절에 읽었을 것으로 예상되는 책들을 이야기하면 읽었다는 아이들이 서너 명도 안 된다. 어려서부터 많이 읽었을 텐데 제대로 읽지 않은 이유일 것이다. 〈한 권 한 학기 읽기〉라는 프로그램도 있다. 책 속에서 한 문장이라도 제대로 파악하고 생각해보게 하는 교육이 진짜 독서교육이라고 할 수 있다.

지금 흐르는 시간들은 다시 오지 않는다. 그러나 그 시간을 가치 있게 활용하는 것은 우리의 몫이다. 누구에게나 하루 24시간은 공평하게 주어졌지만 그 시간을 어떻게 사용하는지는 각자의 선택에 달렸다. 과거를 밀어내면 공백이 생기고 무언가 그 공백에 들어가게 된다. 그렇다면 여러분은 그 공백에 무엇을 집어넣을 것인가? 새롭고 진취적인 생각을 넣을 것인가 아니면 지금까지 살아온 방식대로 아무 생각 없이 지나쳐 버릴 것인가? 모든 것은 우리의 선택에 달려 있다. 살아 있는 동안 우리에게는 선택할 수 있는 권한이 있다. 어느 누구도 빼앗지 못하는 선택권이다. 그 선택을 나는 책 속의 한 문장에서 찾았다.

얼마 전까지만 해도 소극적이고 글을 한 줄도 쓸 수 없었던 내가 작가가 되고 수많은 청중 앞에서 강연을 할 수 있었던 것들이 매일매일 읽는 책 속의 문장들을 녹여내고 가슴속에 담아두고 실생활에 적응해왔기 때문이다. 책 속 한 문장에서 기쁨을 얻고 더 활기찬 미래를 만들어가 보자.

마음을 움직이는 문장과 마주하는 기쁨 　　　　장은주

독서란 무엇인가. 말 그대로 책을 읽는 행위다. 그런데 정말 책을 읽는 게 독서일까. 글을 제대로 다 읽으면 독서를 한 건지 궁금하나. 글자만 들여다보며 빠르게 읽으면 책이 무슨 내용을 담고 있는지 모른다. 독서의 진정한 정의는 어쩌면 읽기가 아니라 생각하기에 있다. 그저 읽기만 해서는 달라지지 않는다. 생각하면서 읽어야 내 것이 되고 남는 게 있다. 생각하기가 결여되고 읽기에만 빠져 있으면 독서하는 의미가 없다.

"책은 우리 내면에 존재하는 얼어붙은 바다를 깨는 도끼여야 한다."

카프카의 말을 곱씹으며 독서에 대해 다시 생각하게 된다. 독서가 내면을 깨우는 도끼가 아니면 무슨 의미가 있을까. 내면을 깨우지 않으면 종이 위의 활자에 불과하다. 활자를 보는 것에만 집중하면 독서하는 재미를 온전히 느끼기가 힘들다. 독서가 얼어붙은 바다를 깨는 도끼의 역할을 하고 있는지 돌아보자. 기존에서 벗어나 사고력을 높이기 위해 책을 읽는 것이다. 그런데 많은 사람들이 속독을 하며 빨리 읽기에만 급급하다. 속도전을 하듯 책도 빨리 읽지 않으면 안 될 것처럼 정신없이 달린다. 가끔은 읽고 나서 '무슨 내용이었지?' 하는 책도 있다. 어떤 책인지 말하기가 힘든 순간이 있지 않은가. 내용은 좋았지만 누군가에게 소개하려면 쉽지가 않다.

그때 알았다. '독서는 나를 깨우는 한 문장을 만나기 위해서 하는 것'임을. 책을 읽는 이유는 바로 나를 위한 단 한 문장을 찾기 위해서다. 그 한 문장을 만나기 위해 그토록 오랜 시간을 묵묵히 견디는 것이다. 읽고 나서 나를 일깨우는 문장을 만나야 한다. 그러기 위해서는 책을 들고 생각하며 끝까지 파고들어야 한다. 독서에는 그런 시간이 필요하다. 지루하고 따분해도 나에게 다가오는 문장을 간절히 기다리는 마음으로.

유럽을 여행하면 흔히 볼 수 있는 장면이 있다. 어딜 가나 곳곳에서 보게 되는 책 읽는 사람들의 모습이다. 거리에서 책을 끼고 걷거나 공원 벤치나 카페 테라스에서 책 읽는 사람을 흔하게 볼 수 있다. 그 자체로 하나의 풍경이 되기도 한다. 사실 멋진 풍경에 우와~하고 탄성이 나오는 순간은 잠깐이다. 그런 장면은 순식간에 지나간다. 사진을 찍어두면 갤러리에 고스란히 보관만 하게 된다. 가끔 꺼내 보며 추억할 뿐. 그러나 드넓은 잔디밭에 누워 책을 읽는 모습은 오랫동안 기억에 남는다.

유럽 사람들은 해변에서 일광욕을 하면서도 한켠에는 늘 책이 놓여 있다. 낮잠을 자고 해수욕을 하다가도 선글라스 너머로 책을 본다. 그렇게 책장을 넘기다 무심코 마음에 드는 한 문장을 건져 올리면 얼마나 기쁠까. 마치 낚싯대를 드리우고 느긋하게 있다가 대어를 낚아 올린 기분일 것이다. 그렇게 여유를 누리며 책을 보면 얼마나 좋겠는가. 하지만 쫓기 듯 바쁜 와중에도 짧게나마 책을 읽으면 그런 기분을 느낄 수 있다. 게다 가 유럽의 어떤 나라 사람들은 커피를 마시듯 책을 읽는다고 한다. 그런 나라가 부럽다. 커피 마시듯 책을 읽는다면 삶의 질이 엄청 달라질 것이 다.

우리는 얼마만큼 책을 가까이하는가. 어쩌다 읽게 된 책에서도 생각하 는 독서를 하고 있는지 궁금하다. 사람들에게 취미를 물으면 예전에는 독서라고 하는 사람이 많았다. 취미 칸에 '독서'라고 적는 걸 흔히 볼 수 있었다. 요즘은 취미에 뭐라고 적을까. 독서라고 적는 사람은 거의 없을 것 같다. 취미의 범위를 한정하기란 어렵다. 어디에 있건 간에 폰이나 노 트북, 태블릿 등 전자 기기만 있으면 할 일이 많기 때문이다. 아무리 책 읽는 사람이 별로 없어도 지식과 지혜를 얻는 최고의 도구임에는 틀림없 다. 인터넷에서 얻는 것을 지식이라 하지 않는다. 그건 정보에 불과하다. 빠르게 얻은 최신 정보는 시간이 지나면 별 의미가 없다. 한 달 전의 정 보가 얼마나 가치 있겠는가. 정보가 아니라 삶에 필요한 지식은 대체로 책에서 얻는다. 그 지식을 내 것으로 만들어 변화에 잘 대처하고 지혜롭 게 살기 위해 독서를 한다.

책을 읽어야 생각하는 시간도 주어진다. 책을 읽지 않으면 생각하지 않는다. 안 그래도 할 일 많은데 그 자체가 귀찮다. 매일 과부하로 그저 쉬고만 싶고 재미있는 것만 찾게 된다. 자꾸 생각을 한다는 건 피곤한 일이다. 그러다 문득 현실을 자각하고 변화를 원하지만 두렵다. 어제와 똑같이 살면서 환경만 탓하고 있다. 그렇게 지내다 보면 어느덧 나이만 먹고 아무것도 남지 않는다. 이런 답답한 생활을 벗어나기 위해 책은 꼭 필요하다.

책을 읽으면서 생각하는 삶으로 나아가야 한다. 책 속에서 자신의 삶을 변화시킬 수 있는 모멘텀을 찾아야 한다. 다른 것보다 책이 가장 빠르고 효과적이다. 때로는 주변의 조언보다 강하다. 많이 생각하고 끊임없이 질문을 던져주는 책을 만나야 한다. 그때까지 계속 읽어야 한다. 책에서 건져 올린 문장 덕분에 생각을 한다. 그리고 어떻게 하면 나아질까 고민하게 된다. 그러다 보면 눈에 띄지는 않아도 점점 변화가 생긴다. 그렇게 하지 않으면 많은 책을 읽었어도 소용이 없다. 진정한 독서를 했다고 말하기도 어렵다.

독서하는 이유를 묻는다면 이렇게 말하고 싶다. '영혼을 일깨우는 문장을 만나기 위해서'라고. '이 책은 바로 이 문장이야.' 한마디로 요약되면 더 좋다. 그 한마디가 행동을 변화시키는 계기가 될 것이다. 울림이 되는 문장을 만나 삶이 변화되길 간절히 바란다. 새로운 문장을 품고 계속 생각할 때 독서의 보람도 느낀다. 변화를 만들어 내려고 애쓰며 나에 대해 더 생각하게 된다. 독서는 자기를 발견하고 생각을 키우는 긴 여정이다. 그 여정 속에 기쁨이 가득하면 좋겠다. '한 문장과 마주하는 기쁨' 말이다.

06

시간을
알차게 쓰려면

나만의 시간관리로 승부하자.

김원배

시간은 쉬지 않고 끊임없이 흘러가는 귀중한 자원이다. 시간을 잘 활용하는 사람이 성공한다는 것은 누구나 아는 사실이다. 그러나 아는 것을 실행에 옮긴 사람은 드물다. 사람들은 대부분 5분이라는 시간이 주어졌을 때 그냥 흘려보낸다. 5분은 어떻게 활용하느냐에 따라 아주 긴 시간이 될 수 있다. 시간의 중요성을 깨닫지 못하는 이유는 무엇일까? 시간이 거저 주어지기 때문이고 흘러가는 것이 눈에 보이지 않기 때문이다. 가장 중요한 이유는 삶을 살아가는 목표가 없기 때문이다. 인공지능시대에 살고 있는 지금은 타이밍의 시대이다. 적절한 타이밍 즉 기회를 잡는 사람이 성공하는 시대라는 의미다.

　2018년 개인 책을 처음으로 출간하기 위해 계획을 세웠다. 7월 한 달 동안 개인 책을 어떻게 출간하는지 알아봤다. 8월에는 책 제목과 목차를 구성했다. 9월에는 목차에 맞는 글 소재꺼리를 수집했다. 그리고 10월부터 12월까지 3개월 동안 38개 꼭지의 초고를 완성했다. 3개월 동안 A4용지 150매를 작성한다는 것이 쉬운 일이 아니었다. 어떻게 써야 할지 고민 끝에 특단의 조치를 취했다. 매주 3회 이상 마시던 술을 초고 집필하는 기간 동안 끊기로 했다. 전혀 입에 대지 않았고 저녁식사 약속도 잡지 않았다. 처음 며칠은 술 생각도 많이 났지만 한두 주 지나고 나니 술 생각이 사라져버렸다. 오랜 세월 주당으로 살았는데 몇 주 동안 마시지 않으니 술 생각조차 나지 않는다는 것이 신기할 뿐이었다. 술을 마시지 않고 새벽에 일찍 일어나서 맑은 정신으로 일주일에 3개의 꼭지를 완성할 수 있었다. 하루는 주제와 관련된 내용을 생각하고 하루는 집필하는 패턴으로 글을 써 내려갔다. 학교 근무 중에는 집필할 수 없었으므로 새벽 4시에 일어나서 7시까지 원고를 집필했다.

　평소 즐겨 하던 유흥을 철저하게 차단하고 적절하게 시간 관리를 하면서 3개월 만에 책 한 권을 집필하는 쾌거를 이뤘다. 무리하지 않는 범위에서 나만의 페이스대로 글을 쓰면서 편안하게 집필을 했던 것 같다. 책이 출간되고 나의 생활 패턴은 새벽 시간으로 맞춰졌고 새벽 시간에 책을 읽고 글을 쓰기 위해서는 전날 술자리를 가지면 안 되었다. 술자리가 있어도 술 대신 음료를 마시면서 술과의 거리를 확실하게 뒀다. 덕분에 건강도 좋아지고 독서하는 진로작가로서의 길을 걷게 된 것이다. 큰 성공은 아니지만 철저한 시간 계획을 세우고 실천하면서 내 나름대로의 생활 패턴을 유지하고 있다.

벤자민 프랭클린은 "그대는 인생을 사랑하는가 그렇다면 시간을 낭비하지 말라. 시간은 인생을 구성하는 재료니까 똑같이 출발하였는데 세월이 지난 뒤에 보면 어떤 사람은 뛰어나고 어떤 사람은 낙오자가 되어 있다. (중략) 이것은 하루하루 주어진 시간을 잘 이용했느냐 이용하지 않고 허송세월을 보냈느냐에 달려 있다."라고 말한다.

요즘 많은 사람들이 유튜브에서 좋은 강좌를 찾아서 꾸준히 듣기도 하고, 독서모임에 참여하면서 열정적으로 독서토론도 한다. 그들 중 성공하는 사람은 몇 명이나 될까? 경제학 용어에 기회비용이라는 것이 있다. 하나를 선택하려면 하나는 포기해야 한다. 어느 것을 포기하는 것이 손해를 덜 볼까 따져봐야 한다. 공부하는 것으로 끝내지 않고 뭔가 자기만의 시간을 만들어가는 사람이 성공하는 것이다. 평생 마신 술을 포기하고 과감하게 글을 쓰기로 마음먹음으로써 책을 9권이나 출간하게 되고 강연을 다니고 있다. 초고를 쓰려고 계획은 잡았지만 평소대로 술을 마시고 다녔다면 3개월 만에 초고를 완성하지 못했을 것이다. 이때부터 시간관리를 철저히 하기로 마음먹었다.

그 시간은 대부분 글을 쓰고 책을 읽는 시간이다. 운동도 병행하면서 매일매일 읽어야 할 분량과 써야 할 분량을 정해두고 실천하고 있다. 이느 순간 나는 미친 실행력, 인간 AI라고 불릴 정도로 철저한 나의 관리를 해오고 있다.

"선생님, 어떻게 그 시간에 일어나세요? 도대체 몇 시에 주무세요."
수업 시간에 아이들에게 나의 생활패턴을 알려주면 대부분의 아이들이 물어본다. "공부는 평생 하는 거야."라고 하면 아이들은 나의 행동을 이해하지 못하겠다는 눈으로 바라보며 질문을 퍼붓는다. 평생 직장생활 하면서 계획을 세우면 작심삼일로 끝나는 경우가 허다했다. 아침 운동을 시작해도 일주일 만에 포기했고, 자격증 시험을 보려고 책도 구매해놓고 몇 페이지 읽다가 포기한 경우도 많다. 습관을 바꾸고 시간을 관리하면서 성공한 첫 사례가 책을 출간한 것이다. 시간관리와 평소의 습관만 바꿨을 뿐인데 결과는 완전히 다르게 변한 것을 느꼈다. 그 느낌이 지금도 치열하게 책을 읽고 생각하는 습관을 갖게 된 계기가 됐다. 지금까지의 계획들이 실패한 원인은 치열함과 끈기가 부족했기 때문이고 나는 시험 볼 때마다 실패를 한다는 자괴감이 가슴속에 깊이 내재되어 있기 때문이었다.

　시간관리에 실패하는 사람들을 보면 목표와 행동 사이의 간극이 큰 경우가 많다. 계획을 세울 때는 본인이 할 수 있는 범위여야 한다. 능력 밖의 계획을 세운다면 실패할 확률이 높다. 일을 하던지 자기계발을 하려는 것은 삶이 즐거워지기 위해서다. 시간 관리를 하면서 스트레스 받을 이유는 없다. 에너지가 부족하거나 스트레스가 과도하면 집중력과 효율성이 떨어진다. 에너지와 스트레스 수준을 관리하기 위해서는 규칙적인 운동과 수면, 건강한 식습관, 적절한 휴식과 취미활동 들을 실천해야 한다. 또한 무절제한 음주로부터 탈출해야 성공할 확률이 높다.

　우리는 빠르게 변화하는 시대에 살고 있다. 바르게 변화하는 시대에 맞춰 살다 보니 바쁘게 살고 있다. 성공과 바쁜 삶은 반드시 연결되지 않는다. 체계적이지 않은 바쁜 생활은 오히려 업무의 효율성도 떨어지게 만들고 생활에서도 만족하지 못하는 혼란만 겪게 된다. 바쁘기만 하고 성과를 내지 못하는 사람들의 특징은 시간관리를 제대로 하지 않기 때문이다. 업무뿐만 아니라 자기계발을 하는 시간들을 체계적으로 관리를 해줘야 한다. 시간 계획을 알차게 세워두면 하루의 업무 효율을 높일 수도 있고 스트레스 받지 않는 삶을 만들어갈 수 있다. 자신을 단속하고 순조롭게 시간 관리를 할 수 있는 유일한 사람은 바로 자기 자신이다. 누구도

대신해 줄 수 없는 일이다. 시간관리 책을 많이 읽기도 하고 자기계발서를 많이 읽는다. 그러나 그들 모두 시간관리를 철저히 하면서 변화를 경험하지 못한다. 미친 실행력과 끈기와 도전이 변화를 경험하게 만들어 줄 것이다.

독서는 시간을 가장 알차게 쓰는 방법이다. 　　장은주

　　시간은 누구에게나 공평하다. 자본주의 사회에서 다른 건 몰라도 시간
만큼은 정확하다. 불공평하고 모순 가득한 세상에서 24시간만큼은 똑같
이 주어진다. 특별한 일이 없는 한 우리는 아침에 눈을 뜨기만 하면 하루
를 선물로 받는다. 그 선물을 잘 쓰고 있는가. 가끔 보면 선물을 상자 그
대로 보관하는 사람도 있다. 그 마음을 알지만 아끼는 게 답은 아니다.
시간은 무작정 아끼는 게 아니라 잘 쓰기 위해 있는 것이다. 그런데 얼마
나 잘 활용하고 있을까.

　　열심히 사는 사람에게는 하루가 참 짧게 느껴지고 아픈 사람에게는 더
없이 소중하게 다가올 것이다. 또 게으른 사람은 그것마저도 물 쓰듯 대
충 써버린다. '내일도 있는데.' 하면서 소중함을 잊고 지낸다. 어떤 사람
은 하루를 24시간 그대로 산다. 딱 받은 선물 그만큼만 사용하면서. 어떤
이는 최대한 활용하고 늘려 48시간으로 몇 배 풍성하게 살아간다. 시간
은 이토록 경우에 따라 느낌이 다르다.

　　어릴 적에는 시간이 남아돌았다. 다들 그렇듯 시간의 소중함을 잘 몰
랐다. 학교 갔다 오면 할 일이 없어 늘 심심했다. 재밌는 일이 없나 궁리

하며 놀 거리들을 찾아 온 동네를 구경하고 다녔다. 빨리 어른이 되어서 자유로웠으면 하는 생각이 들기도 했다. 어찌나 시간이 더디게 흘러가는지. 그런데 이제는 나이가 드니까 하루가 순식간에 지나간다. 그 많던 시간이 다 어디로 갔나 싶다. 자기 나이 정도로 속도가 빠르게 간다는데 그 두 배쯤은 되는 것 같다. 좀 전에 아침이었다가 뒤돌아서니 밤이 되는 그런 느낌이다. 어떤 면에서 하루는 긴 인생의 축소판 같다. 아침에 생을 시작하고 밤이 되면 끝나는 우리의 삶처럼 말이다.

상황에 따라서도 시간의 깊이가 다르다. 싫은 사람을 만나거나 지루한 모임에서는 한없이 더디게 느껴진다. 계속 시계를 보게 되거나 딴 생각이 들기도 한다. 자신이 잘하고 흥미가 있는 과목을 공부할 때는 시간이 금방 간다. 좋아하는 사람과 함께 있을 때도 그렇다. 시계 바늘을 돌리고 싶을 정도로 빠르다. 언제나 시간이 모자란다. 시간은 이토록 양적으로나 질적으로 상대적이다. 그래서인지 시간의 속도가 때로는 감당하기 벅차다. 정신을 차리고 하루를 잘 살아내는 비결은 바로 시간 관리에 있다. 시간을 잘 관리하는 사람이 인생을 바꾼다.

시간을 잘 쓰고 싶은 마음이 절실했다. 유성은, 유미현의『인생을 바꾼 시간관리 자아실현』이라는 책에는 이순신의 시간 사용법 열 가지가 나온다. 대부분은 우리가 잘 알고 있는 시간관리법이다. 그런데 그중 몇 가지가 눈에 들어왔다. 시간 관리법을 3가지로 요약하면 '기록, 포기, 자기계발'이다. 그 옛날에 이렇게 시간을 잘 관리하고 살았으니 역시 남다르다. 이순신 장군의 위대함은 여러 면에서 드러난다.

첫째, 매사에 기록을 잘했다. 임진왜란 7년 중 쉬지 않고 일기를 썼다. 그 유명한 난중일기를 보면 얼마나 단조롭게 매일을 써나갔는지 알 수가 있다. 전쟁 중에도 그렇게 글로 남길 수 있다는 게 놀랍다. 기록하지 않으면 내 시간이 어디로 새나가는지 알 수가 없다. 쓰다 보면 시간 관리도 된다.

둘째, 포기해야 할 것을 알았다. 극복할 수 없으면 무시하는 것이 시간을 지키는 좋은 방법이라고 한다. 주변에서 일어나는 일들을 보면 얼마나 머리 아픈 일이 많은지. 거기에 일일이 반응하면 시간과 에너지를 낭비하게 된다. 포기할 것을 알고 중요한 일에 신경 쓰는 것이 최선이다.

셋째, 자기계발에 힘썼다. 무인들이 병법을 공부하지 않아 늘 패전하는 것을 보고 아는 것이 힘, 배움을 강조했다. 그런 상황에서도 독서를 통해 해박한 지식과 지혜를 얻으며 책을 수없이 반복해서 읽어 마음에 저장했다. 또한 사색을 하면서 자기 것으로 만들었다.

이토록 어려운 시기를 견디는 힘은 어디서 올까. 그것은 바로 철저한 관리 덕분이다. 끊임없는 자기 성찰과 부단한 노력이 없으면 불가능하다. 무엇이든 그저 주어지는 것은 없다. 이런 노력이 있었기에 힘든 상황에서도 위대한 업적을 이루어낼 수 있었다. 그중에서도 시간관리가 우선이다. 주어진 시간을 잘 활용하고 관리하는 자가 진정한 승자다. 일상을 지배하는 힘은 습관에 있다. 습관에서 시간이 빠질 수 없다. 자신을 가꾸기 위해 애쓰는 시간이 더욱 일상을 단단하게 만들어준다.

"모든 사람은 잠재적으로 같은 양의 에너지를 가지고 있다. 평범한 사람들은 그 에너지를 여러 가지 사소한 일들로 낭비한다. 나는 내 에너지를 단 한 가지, 그림에만 집중한다. 그림을 위해 모든 것은 포기한다."

─피카소

피카소는 그림에만 집중했다. 중요한 일에 에너지를 집중하려면 다른 일은 포기해야 한다. 독서를 다른 일보다 중요하게 여기고 애써 시간을 만들자. 시간을 정해서 책을 손에 들어야 한다. 그런 여유마저도 없다면 어떻게든 방법을 떠올려 보자. 아무리 강조해도 지나치지 않는 자투리 시간, 그 시간만 잘 활용해도 많은 것들을 하고 여유까지 즐길 수 있을 것이다. 가끔 독서는 여유로울 때보다 바쁜 중에 시간을 내서 할 때가 한층 더 즐겁다. 바쁜 일상에서 독서는 선택이 아닌 필수다. 아무리 바빠도 책 읽는 시간은 꼭 만들어야 한다. 하루 동안 무엇을 하며 보내는지 들여다보자. 시간 가계부를 기록해 보면 놀랄 것이다. 무의미하게 보내는 시간이 의외로 많다. 그런 시간을 의식하면서 알차게 보내려고 노력해야 한다. 삶의 중심에 책 읽기를 두어야 한다.

우리 모두는 나이를 먹는다. 세월의 흐름을 어찌할 수 있을까. 세상에 많은 게 변해도 시간은 정확하다. 어김없이 그 속도 그대로 흐른다. 그런데도 마냥 그대로 있을 것처럼 살고 있지는 않은가. 지나고 나면 다시 돌이킬 수 없는 게 시간이고 원하는 만큼 붙잡아 둘 수도 없다. 그러니 지금 여기에 온전히 집중해야 한다. 바쁜 틈에서도 집중해서 잘 살아가는 그 원동력은 바로 독서에서 나온다. 책 읽는 시간을 아깝다고 느끼는 사람은 없을 것이다. 책은 살 때도 즐겁고 온전히 집중하면 시간을 잊게 된다. 그리하여 마침내 책 한 권이 내 것이 되면 뿌듯하지 않은가. 그런 의미에서 독서는 시간을 가장 알차게 쓰는 방법이다.

3장

성장하는
삶을 위해

멘토가 있으면
삶이 풍요롭다

일주일에 두 명의 멘토를 만난다.
김원배

2021년 본격적으로 새벽에 일어나서 독서를 하기 시작하면서 일주일에 두 권 정도는 읽어야겠다고 계획을 세웠다. 2021년 108권, 2022년 138권, 2023년 8월 말까지 59권을 읽고 있다. 매년 100명 이상의 멘토를 만나고 그들로부터 배우고 있는 중이다. 2년 8개월 동안 305권을 읽으면서 가장 나에게 영향을 줬던 두 권은 로버트 그린의 『인간 본성의 법칙』과 월터 아이작슨의 『레오나르도 다빈치』다. 음악에 좋아하는 애창곡이 있듯이 이 두 권이 나의 삶 속에서 변화를 주도해 줬던 인생의 책이다.

레오나르도 다빈치의 사례는 진로수업시간이나 강연에서도 많이 활용하고 있다. 레오나르도 다빈치는 스티브 잡스의 영웅이기도 했다. 잡스는 "레오나르도가 예술과 공학 양쪽에서 모두 아름다움을 발견했으며 그 둘을 하나로 묶는 능력이 그를 천재로 만들었다."라고 했다. 월터 아이작슨은 서문에서 레오나르도 다빈치를 이렇게 말하고 있다.

"사실 레오나르도의 천재성은 인간적 성격을 띠었고 개인의 의지와 야심을 통해 완성되었다. 그는 뉴턴이나 아인슈타인처럼 한낱 평범한 인간이 가늠조차 할 수 없는 초인적인 두뇌를 타고난 게 아니었다. 레오나르도는 학교 교육을 제대로 받지 못하다시피 했고, 라틴어를 읽거나 복잡한 나눗셈을 할 줄 몰랐다. 그의 천재성은 우리가 충분히 이해할 수 있는 종류, 심지어 한번 배워볼 수 있는 종류에 해당된다. 그것은 우리가 스스로 향상시킬 수 있는 능력, 이를테면 호기심이나 치열한 관찰력을 기반으로 한다. 레오나르도의 걷잡을 수 없는 상상력은 공상과의 경계가 모호할 정도였는데, 이러한 상상력 역시 우리가 스스로 지키기 위해 노력하고 우리 아이들을 위해 키워줄 수 있는 부분이다."

이 글에서 레오나르도 다빈치가 가지고 있는 천재성은 누구나 배워볼 수 있는 종류에 해당된다는 말이 가장 마음속에 다가왔다. 진로 수업 시간에 이 사례를 이야기해주면서 동기부여를 주고 있다. 어린 학생들뿐만 아니라 성인들에게도 적용할 수 있는 방법들이라고 할 수 있다. 레오나르도 다빈치는 독학을 했고 끊임없는 노력으로 천재가 됐다. 그의 천재성을 우리가 따라잡을 수는 없더라도 그에게서 배워서 실제 생활에 활용해 볼 수는 있다.

아인슈타인은 친구에게 편지를 보내면서 "나에게는 특별한 재능이 없네, 단지 호기심이 지독히 많을 뿐이다." 레오나르도 다빈치도 끊임없는 호기심을 가지고 세상을 배워갔다. 어디에서든 많은 사람들이 스마트폰만 보면서 걷는다. 세상의 변화는 살펴보지 않고 작은 스마트폰 속의 세상 속에 빠져 있는 것이다. 스마트폰을 주머니에 넣고 우리 주변을 살펴보자. 안 보이던 아름다운 꽃이 보이기도 하고, 파란 하늘에는 뭉게구름들이 이쁜 모양으로 펼쳐져 있다. 그냥 지나치지 말고 호기심을 가지고 주변 상황들을 관찰해보는 것도 나의 잠재능력을 찾아내는 방법이다.

아인슈타인은 다른 친구에게도 편지를 썼다. "자네와 나는 우리가 태어난 이 세상의 놀라운 수수께끼 앞에 호기심 많은 아이처럼 서 있는 일을 멈춰서는 안 되네." 즉, 어린아이 같은 경이감을 유지하라는 말이다. 파란 하늘을 보고 아름다운 꽃들을 보면서 경이롭게 바라보라는 것이다. '왜'라는 질문을 해야 한다. '하늘이 왜 파랗지, 꽃들이 아름답게 꽃을 피울 수 있는 이유는 뭘까?' 등 그냥 지나치지 말고 '왜?' 그런 현상이 일어나는지 살펴봐야 한다. 글을 쓰는 작가가 되면서 주변에서 벌어지는 상황들을 자세히 관찰하기 시작했다. 깊이 있게 볼수록 그 상황들에 대해 파악이 쉬워지기 시작했다. 레오나르도의 천재성을 따라 해 볼 수 있는 방법은 끊임없이 호기심을 갖는 것이다. 독서활동을 멈추지 말아야 한다. 어린아이 같은 경이감을 유지한다. 사물에 대한 예리한 관찰력을 갖는다. 등이다. 청소년들뿐만 아니리 성인들도 해 볼 민한 가치가 있다.

두 번째 나의 롤모델은 로버트 그린의『인간 본성의 법칙』이다. 윌리엄 제임스는 "우리 세대의 가장 위대한 발견은 인간이 마음의 태도를 바꿈으로써 자기 인생을 바꿀 수 있다는 사실을 알아낸 것이다."라고 말한다. 태도를 바꾸니까 삶의 방향성이 변하기 시작했다.

2019년 10월 병원에서 뇌MRI를 촬영했다. 아무 이상이 없을 것이라는 생각으로 걱정 없이 촬영했는데 결과는 예상 밖으로 나와 가족을 놀라게 했다. 뇌 속에 점이 보이는 것이다. 검사결과를 가지고 서울대학병원으로 당장 예약을 하고 진료를 받았다.

"뇌경색 증상 있으셨나요?"

의사선생님이 물었다.

"아니요. 전혀 못 느꼈습니다."

"뇌경색이 살짝 지나간 흔적입니다."

나와 아내는 놀랐다. 의사 말은 아주 미세하게 뇌경색이 있었던 흔적이라고 말한다. 허구헌 날 술을 마시고 다녔으니 나도 모르게 큰일 날 뻔

했던 것이다. 이 사건을 계기로 술을 더 멀리하게 됐고 독서와 글쓰기 활동에 집중하게 됐다. 한 번 왔던 뇌경색 표시는 없어지지 않는다고 한다. 2023년 2월 다시 확인하려고 뇌 MRI 촬영을 했다. 그동안 아무 변화도 일어나지 않아서 다행이었다.

『인간 본성의 법칙』에서는 인간의 태도에 대해 이야기한다. '우리는 누구나 각자의 렌즈를 가지고 세상을 보며, 그 렌즈가 우리의 지각에 색깔을 입히고 모양을 정한다. 뇌는 나이가 한참 들어서까지도 끝없이 학습하고 발전하게끔 설계되어 있다. 뇌의 신경 연결을 풍부하게 만드는 것, 즉 창의력을 개발하는 것은 당신이 새로운 경험과 아이디어에 얼마나 마음을 여느냐에 달려 있다. 당신의 태도를 빚는 작업을 인생에서 가장 중요한 과업이라고 생각하고 절대로 우연에 맡겨두지 마라.' 태도는 주변을 바꾸는 데 막대한 힘을 발휘한다. 술을 마시면 아침에 일어나서 책을 읽을 수 없다. 뇌가 마비되어서 눈에 들어오지 않기 때문이다. 직장 동료들이나 친구들에게 건강과 글을 쓰기 위해 술을 끊었다고 말을 하고 협조를 부탁하고 회식자리에 참여한다. 간단하게 저녁 식사만 하고 들어와서 일찍 잠자리에 든다. 새벽에 거뜬하게 상쾌한 기분으로 일어나서 나에게 주어진 임무를 수행한다. 바꾸지 못할 것 같은 태도 하나만 바꿨을 뿐인데 나는 다른 세상에서 사는 영광을 얻게 된 것이다.

우리가 지금 읽고 있는 책들 속에서 수많은 멘토를 만날 수 있다. 그 멘토들의 삶을 현재의 나의 삶에 적용해보자. 실천하고 적용하는 독서 활동이 지금과 다른 세상의 맛을 느끼게 해줄 것이다. 책을 그냥 취미로 읽고 끝내지 말라고 나는 강의 때나 지인들에게 얘기한다. 책속에서 멘토를 만나려면 유용한 책을 읽어야 한다. 이떤 책이 유용한지는 오랜 세월 전해져 내려온 책들일 것이다. 우리가 말하는 인문학 관련 책들이 우리 삶에 유용한 멘토의 역할을 할 것이다.

책과 사람은 인생을 바꾸는 강력한 수단이다.   장은주

"우리를 현명하게 만드는 기본 요소 두 가지는 우리가 읽는 책과 교류하는 사람이다."

　미국 작가 찰스존슨의 말처럼 책과 사람은 우리를 현명하게 만든다. 누구와 교류하며 무슨 책을 읽을 것인가. 인생에서 대단히 중요한 문제다. 누구나 자신의 인생에서 중요하게 생각하는 게 있다. 어떤 것에 가치를 두느냐, 관점에 따라 다르다. 그러나 책과 사람이 인생을 바꾸고 현명하게 하게 하는 요소임에는 틀림없다. 여기에 하나를 더하면 여행이다. 많은 사람을 만나고 좋은 책을 읽고 여러 곳을 여행하면 인생이 풍요로워진다. 이 세 가지 중 어떤 것이 더 중요할까. 어렵지만 굳이 선택하면 사람이다. 사람을 만나고 영향을 주고받는 게 특히 중요하다.

　혼자 아무리 공부를 해도 성장하는 데 한계가 있다. 제대로 하고 있는지 알 수도 없고 시행착오를 겪는 동안 시간이 걸린다. 괜히 힘도 많이 든다. 그렇기 때문에 그 분야에서 잘 알고 있는 사람에게 묻는 게 가장 좋다. 무언가를 배울 때 가장 효과적인 방법은 '사람'을 통해 배우는 것이나. 번화와 싱징을 꿈꾸는 사람에게 가장 좋은 교제는 사람이다. 생활하면서 가장 직접적인 영향을 받는 것 또한 사람이다. 사람보다 더 좋은 교재는 없다. 그러니 관심사가 비슷한 사람 또는 여러 분야의 사람을 만나 다양한 배움을 주고받는 일에 부지런해져야 한다.

　사람을 잘 만나야 한다. 어떤 사람을 만날 것인가. 만남은 쉽고 지속하는 게 어렵다. 순간이 선택의 연속인데 시간을 함께 보낼 사람을 고르는 것도 선택이다. 누구와 함께할지 선택하는 게 쉬운 건 아니다. '닮고 싶은 삶을 살고 있는 누군가를 찾으라'는 말을 많이 들었을 것이다. 보통 직장이나 관심사, 가족관계를 바탕으로 사람을 만난다. 그러나 성공한 사람은 자신이 닮고 싶은 사람과 가까이 지낸다.

　『부자아빠 가난한 아빠』의 저자 로버트 기요사키는 "당신이 대부분의 시간을 함께 보내는 네 사람이 미래 당신의 모습이다."라고 했다. 당신은 자신이 처한 환경과 어울리는 사람의 산물이다. 그래서 주변에 어떤 사람이 있는지 잘 살펴보아야 한다. 주로 누구와 이야기를 나누고 어떻게 시간을 보내는지 한번 생각해보라. 자수성가한 백만장자들은 사람을 만날 때도 신중했다. 성공을 추구하는 과정에서 의식적으로 긍정적인 영향을 주는 사람들을 선택했다. 그들을 만날 수 있다면 멘토가 되어 달라고 기꺼이 부탁했다. 만날 수 없을 때는 기준을 낮춰 쉽게 만날 수 있는 사람들을 선택하는 대신 '자신이 닮기를 열망하는 사람들을 만나라'고 했다.

사실 생활하는 가까운 곳에서 멘토를 찾기는 쉽지가 않다. 내 관심사와 비슷하고 열심히 사는 사람이 눈에 잘 띄지 않는다. 이럴 때 책이 중요하다. 책에서 그런 사람들을 쉽게 만날 수 있다. 책을 읽다 보면 멘토로 삼고 싶은 사람이 있다. 마음에 감동이 되어 책을 덮고도 오랫동안 기억하고 싶은 사람이 생긴다. 그럴 때는 찾아가는 게 좋다. 그냥 책으로 끝나면 아쉽다. 직접 만나면 책에서 듣지 못한 소중한 경험을 들을 수 있다. 자신을 찾아온 사람에게 아낌없이 이야기를 들려주고 싶지 않겠는가. 가까이서 대화를 나누어보면 마음가짐도 달라진다. 동경의 대상이 되고 그렇게 살고 싶어진다. 시간을 함께 하면서 멘토가 만들어진다.

멘토란 '그렇게 되고 싶은 사람'이다. '나도 저렇게 되고 싶어.'라는 생각이 강하면 무의식중에 모델링이 발동한다. 더불어 결정력과 행동력이 빨라진다. 무의식적으로 행동과 생각을 따라 하는 것만으로도 추진력이 생기기 때문이다. 자연스럽게 그 사람의 사고방식과 행동을 모방하고 배우게 된다. 처음에는 힘들지만 하다보면 익숙해져서 어느새 나의 루틴이 된다. 나에게 필요한 역량이 무엇인지 생각하고 그와 관련된 분야의 멘토들을 찾아야 한다. 그리고 꾸준히 그들을 보면서 공부한다. 그러면 어느 막막한 순간에 그 모든 과정은 큰 힘으로 작용한다. 그래서 멘토에게 배우는 것이 중요하다. 누구나 살면서 멘토는 필요하다. 특히 배우고 성장하는 삶에서 멘토는 있어야 한다. 좀 더 나은 삶을 위해 어떤 사람을 만날 것인가. 목표를 향해 가는 동안 인생 멘토를 만나는 건 큰 행운이다.

책만 읽어도 모델링이 일어난다. 가까운 곳에서 멘토를 찾기 힘들면 책을 보다가 정한다. 니에게 동기부여가 되는 책을 계속 읽는다. 그러면 어느 순간 비슷하게 변하게 된다. 책과 사람은 인생을 바꾸는 강력한 수단이다. 오늘 나는 어떤 책을 읽고 누구를 만났는가. 중요한 순간에 조언을 구할 멘토가 있는가. 책과 멘토, 마음을 나눌 좋은 사람이 있으면 어디서든 삶은 풍요롭다.

이제 취미 독서에서
생존독서로

목적을 가지고 읽어라. 김원배

워런 버핏은 "책 읽는 것만으로 부자 순위를 정한다면 도서관 사서들이 상위권을 다 차지하고 있을 것이다."라는 말을 했다. 물론 사서 선생님들이 도서관 업무 때문에 책을 많이 읽지는 못하실 수도 있다. 학부모와 학생들 강연을 가면 '책만 읽는다고 성적이 오를까요? 책만 읽는다고 삶에 영향을 줄까요?'라고 질문들을 한다. 나는 당연히 성적도 오르고 삶에 긍정적인 영향을 줄 것이라고 말한다.

책을 그냥 읽는 것과 생각하면서 읽는 것은 엄청난 차이를 만든다.

2015년 『진로와 직업』 교과서를 집필하면서 진로와 직업 관련 책들을 많이 읽기 시작했다. 교과서 집필하기 전까지는 목적을 두고 읽지 않았기 때문에 읽고 바로 휘발되어 버리는 경우가 많았다. 교과서에 어떤 내용을 넣을 것인지 늦도록 회의하고 참고자료를 찾기 위해 수십 권의 책을 살펴보기 시작했다. 책의 내용을 참고하여 교과서를 만드는 과정에서 책은 그냥 읽을 때와 목적을 가지고 읽을 때가 다르다는 것을 깨달을 수 있었다.

뇌과학자들이 말하는 독서의 효과를 나는 믿고 있다. 내가 그렇게 돼보고 싶은 욕망이 꿈틀거렸다. 그래서 매일 새벽 일정시간을 정해서 독서를 하고 있다. 독서는 뇌의 전 영역을 활성화시켜준다. 청소년 학창 시절 친구들보다 시험공부를 더 열심히 했는데도 성적은 향상되지 않았다. 지금 생각해보면 집중력과 암기력이 부족했기 때문이다. 50대 중반이 되어서 매일 새벽 독서하면서 암기력과 집중력이 향상되고 있음을 느끼고 있다. 아내의 말에 의하면 "예전에는 자주 까먹더니 요즘에는 기억을 잘하네."라고 칭찬도 한다. 이 모든 게 매일 읽는 독서력 덕분이다.

일주일에 두 권의 책을 읽고 중요한 문장은 필사를 한다. 책을 완독하면 서평을 작성해서 블로그에 업로드 한다. 책을 읽으면서 생각하게 되고 서평까지 작성하면서 독서에 대한 내 나름대로 방향성을 잡을 수 있게 됐다. 독서는 무조건 즐거운 시간이어야 한다. 학생들이 독서를 싫어하는 이유는 책 읽는 것을 공부하는 것으로 인식하기 때문이다. 독서는 공부가 아니라 즐거운 게임이라고 인식될 수 있는 교육이 필요하다. 책 읽는 것을 단지 주변사람들에게 보여주기 위한 퍼포먼스가 되어서는 안 된다. 시드니 스미스는 "독서할 때 당신은 가장 좋은 친구와 함께 하는 것이다."라고 말한다. 친한 친구와 대화하듯이 즐겁게 책을 읽어 나가야 한다. 그런 과정 속에서 독서력이 쌓이고 쌓이면서 어느 날 자신의 모습이 변하고 있음을 인지하게 될 것이다.

진로진학상담 1정 자격연수에서 선생님 한 분이 물어봤다. "선생님 진로교사 전 과목이 국어교사였어요?" 절대 아니다. 독서에 대한 나름대로 애착과 철학이 있어서 학생들에게도 진로독서교육의 중요성을 말하는 것이다. 독서할 때 나는 항상 친구를 만나는 느낌으로 읽는다. 송숙희 작가는 『부자의 독서법』에서 "인생의 모든 답은 책 속에 있다."라고 말한다. 칼 라거펠트도 "독서는 내 인생에서 가장 럭셔리한 것, 나를 행복하게 하는 인생의 럭셔리다."라고 말한다. 『부자의 독서법』에서 작가는 "부자들처럼 책을 읽는다는 것은 이렇게 흥미진진하게 공부하는 것입니다. 하지만 하루아침에 삶이 바뀌지는 않지요. 책을 읽는 사람은 많지만 책읽기로 부자 된 사람이 적은 이유는 '부자 되는 책 읽기'가 저절로 되는 일이 아니기 때문입니다. 부자 되는 책 읽기는 당신이 책을 읽는 사람으로 바

뛰어야 가능한 일입니다. '책 읽고 부자 되기, 오늘부터.'라고 SNS에 외치다고 되는 일일까요? 준비와 계획이 필요합니다."

송숙희 작가님의 뼈 때리는 말이다. 유튜브 영상을 통해서 공부하기도 하고 인플루언서들의 강연과 캠프에 참여하는 사람들도 많다. 그들 중에 성공하고 부자가 되는 사람은 얼마나 될까? 대부분 지금 삶과 별로 변화가 없는 사람들일 것이다. 독서로 성공하고 삶이 변하고 목적을 이루고 싶다면 거창한 계획이 아니라 보슬비가 옷을 적시듯이 내 삶 속에 조용히 스며들도록 만들어야 한다.

지인 중에 가족들에게 저녁 7시부터 8시는 엄마 독서 시간이기 때문에 아무도 접근하지 말라고 공지하고 이 시간에 책을 읽기 시작했다고 한다. 24시간 중에 책 읽을 시간을 만들어야 한다. '책 읽을 시간이 마땅치 않다'는 말들을 많이 한다. 스마트폰 볼 시간은 있고 책 읽을 시간은 없는 것이다. 하루 중 오로지 읽을 시간을 만들어서 그 시간은 반드시 스마트폰을 종료하고 책에 몰입해보자. 이렇게 시간 확보부터 책을 읽어나가면서 세상을 어떻게 살아갈 것인지? 나의 삶을 어떻게 변화를 시킬 것인지 정리해보는 독서를 해야 한다.

성공한 사람들이 하라는 대로 모든 것을 다할 수는 없다. 나에게 맞고 내가 실천할 수 있는 방법을 찾아서 꾸준하게 실행에 옮겨야 한다. SNS

에 올리는 것이 목적이 되어서는 안 된다. 그 책을 읽고 내 삶에 어떻게 적용하고 실행에 옮길 것인지 고민하고 생각하면서 읽어야 한다. 목적을 가지고 책을 읽으면 반드시 변화된 모습을 발견하게 된다. 2017년부터 공저 포함 9권의 책을 집필할 수 있었던 힘은 매일 꾸준하게 읽었던 독서력 덕분이다. 청소년 시절 아주 소극적이고 내성적이고 말도 제대로 못하던 내가 이렇게 변할 수 있었던 것은 책 속의 문장들을 실천했기 때문이다. 오늘부터 목적을 가지고 책 읽기 프로젝트를 작성해보자.

취미 삼아 읽지 말고 살기 위해 읽자.　　　　장은주

　책 속에 길이 있다. 이 말을 참 많이 들어왔다. 과연 책 속에 길이 있는 게 맞을까. 글기를 볼 때마다 의문이 들었다. 책 속에 길이 있다면 책만 읽으면 해결이 될 텐데 왜 많은 사람들이 힘들어하는지 모를 일이다. 만약 그 길이 있다면 한번 따라 가보고 싶다는 생각이 들었다.

　독서하면 떠오르는 잊지 못할 장면이 있다. 대학생 때 학교에서 제법 먼 곳에서 자취를 했다. 학교에 가기 위해 버스를 기다리며 정류장에 두 시간을 꼬박 서서 책을 읽었다. 지금은 버스 정류장 노선도와 도착시간을 알려주어서 편하다. 그게 없으면 앱으로 확인할 수도 있다. 그런데 그때는 버스가 언제 오는지 주시하고 있지 않으면 놓쳐서 한참을 기다려야 했다. 더구나 그 곳은 한 시간에 버스가 한두 대 정도 오는 외진 곳이었다. 그런데도 그 자리에 꼼짝 않고 책을 읽었다. 책에 빠져 주변 풍경이 바뀌고 버스가 여러 대 지나가도 모를 정도였다. 비좁은 정류장과 차 소음에도 불구하고 책을 읽던 기억이 난다. 그때 읽던 책 제목은 기억나지 않지만 그 버스 정류장은 아직도 잊히질 않는다. '책이 이렇게도 재미 있을 수 있구나.' 그때 알았다.

그전에는 책을 거의 읽지 않았다. 그저 책표지를 훑어보고 끌리면 안을 슬쩍 펴보고 아니면 덮었다. 책은 기분에 따라 읽어도 그만 안 읽어도 그만이었다. 그런데 그날 버스 정류장에 서 있은 이후 생각이 바뀌었다. '책을 조금씩이라도 읽어보자.' 결심하는 계기가 되었다. 학교 도서관은 레프트 쓸 때 필요할 책을 빌리러 가는 곳 또는 시험 기간에 가끔 가는 특별한 장소였다. 그런데 마음을 먹으니 도서관이 다르게 보였다. 이토록 도서관이 멋진 곳이었다니. 졸업할 때까지 거의 매일 도서관에 발 도장을 찍으며 책을 읽었다.

아이를 키우면서 책 읽는 장소가 다양해졌다. 유모차를 밀면서 손잡이 사이에 올려두고 읽기도 하고 놀이터에 갈 때도 책을 들고 갔다. 때로는 아이를 재우며 아파트 비상구 계단에 앉아 책을 읽었다. 길바닥이나 벤치가 보이면 쉬어가며 책을 펴 들었다. 틈틈이 책 속에서 많은 저자들을 만났다. 그때 책을 읽지 않았다면 어땠을까. 잔잔하고 무료한 일상을 견디는 힘이 된 건 수많은 저자의 응원 메시지 덕분이다. 때와 상황에 맞는 위로의 메시지들을 주었기에 육아도 살림도 해나갈 수 있었다. 그렇게 재미와 위안삼아 책을 들었다. 어쩌면 현실의 답답함에서 벗어나기 위해 책 속으로 도망친 건지도 모른다.

책을 들고 있는 그 순간만큼은 다른 생각이 들지 않아서 좋았다. 재미

있게 책을 읽는 것으로 만족했다. 그런데 책 속에서 만난 사람들이 자꾸 말을 걸어왔다. '책을 언제까지 재미삼아 보기만 할 건가. 그렇게 읽어서 무슨 발전이 있나.' 많은 책에서 독서의 목적을 생각하고 읽으라고 했다. 왜 읽는지는 생각하지 않고 이것저것 많이 보면 좋다고만 여겼다. 그런데 목적을 생각하라니! 그때부터 독서의 목적에 대해 고민했다. 이렇게 읽어서 언제 원하는 걸 얻겠는가. 무슨 일을 할 때 목적이 중요하다. 그 목적에 따라 방향이 달라지기 때문이다. 그런데 목적이 없으니 되는대로 읽기만 했다. 그냥 읽는 것과 목적을 가지고 읽는 것은 차원이 다르다.

다시 책 읽는 목적을 분명하게 했다. 이제 살기 위해 책을 읽기로 마음 먹었다. 재미로 읽는 취미 독서가 아니라 목적을 가지고 읽는 생존독서! 그때부터 책을 대하는 태도가 바뀌었다. 책에서 만난 생존의 위기에 부딪혔던 사람들은 예외 없이 독서를 했다. 다른 방법도 있을 수 있겠지만 책을 읽는 공통점이 있었다. 2004년, 마크 저커버그는 미국 하버드대학에 재학 중이던 스무 살에 페이스북을 만들고 SNS시대를 열었다. 그가 만든 페이스북은 매일 10억 개 이상의 새로운 콘텐츠가 쏟아지는 세기를 대표하는 아이콘이다. 이제 사이버 공간 속 거대한 세상으로 자리 잡은 지도 오래되었다. 많은 사람들이 그의 성공의 비결을 물었다. 그는 대답 대신 자신의 서재를 공개했다. 정돈된 책장에 가지런히 꽂힌 책들이 비결을 증명해 주는 셈이다. 평범한 대학생에 불과한 자신을 위대한 플랫

폼을 만들 수 있었던 것은 바로 독서 덕분이었다.

진정한 독서는 나 자신뿐 아니라 그곳 자체를 변화시킨다. 생각하는 것도 행동도 달라지게 만든다. 그러니 책을 문화생활로 생각하는 것은 오산이다. 조직에서도 리더가 먼저 책을 읽어야 그 조직이 바뀐다. 독서로 성공한 사람들 중에 대충 읽은 사람은 아무도 없다. 문화생활로 끝내지 않는다. 그들은 독서를 내 인생을 건 전투로 생각했다. 당장에 가진 것도 내세울 것도 없으니 의미 있는 일을 하고 싶어서 책을 선택했다.

생존독서를 하기로 결심하고 목표를 세웠다. 목표만 세운다고 잘 되지는 않는다. 늘 그렇듯 실천이 어렵다. 내 의지를 믿으면 실패하기 쉽다. 그래서 시스템을 만들어야 한다. 스콧 에덤스가 쓴 『더 시스템』이라는 책에서도 "패배자는 목표를 설계하고 승자는 시스템을 만든다."라며 시스템을 강조했다. 하루에 책 읽을 시간은 쉽게 주어지지 않는다. 그래서 무조건 아침에 눈뜨자마자 독서를 하기로 했다. 독서로 시작하는 하루! 그게 생존독서를 위해 설정한 최대 목표였다.

인생을 살려면 의식을 먼저 바꾸어야 한다. 나 자신을 신뢰하는 게 중요하다. '일단 어떻게든 끝까지 밀고 나가보자'는 마음으로 해나갔다. 생존을 위해 '매일 아침 1시간 독서'로 루틴을 설정하고 먼저 1년 동안 꾸준히 했다. 무슨 일이 있어도 새벽 5시 독서는 지켰다. 그 전날 어떤 일이 있었건 간에 새벽 5시만 되면 알람을 끄고 정해놓은 장소에 앉아 책을 폈다. 그렇게 하루도 빠짐없이 매일 책을 읽었고 몇 년간 지속했다. '나도 할 수 있구나.' 시간이 흐르자 신뢰가 복리로 쌓였다.

　몸은 밥을 먹지 않으면 살 수가 없다. 정신도 마찬가지나. 책을 읽시 않으면 살 수가 없다. 생존을 위해 지독하게 읽어야 한다. 그러면 많은 것들이 따라온다. 그때 얻는 건 어떤 것과도 비교가 안 된다. 무엇보다 든든한 나만의 무기가 되어 줄 것이다.

변화는
나만의 공간에서 시작된다

책 읽을 공간부터 만들자.

김원배

랠프 왈도 에머슨은 "가장 발전한 문명사회에서도 책은 최고의 기쁨을 준다. 독서의 기쁨을 아는 자는 재난에 맞설 방편을 얻은 것이다."라는 말을 남겼다. 독서의 참맛을 느낄 수 있게 해준 것은 집안의 분위기였다. 나만의 서재가 생기면서 책을 집중적으로 읽기 시작했다.

독서 환경은 잘 갖추어져야 책을 통해 경험을 형성하고 내용의 전반적인 이해와 즐거움에 영향을 미치는 데 중요한 역할을 하고 비판적 사고와 차분하게 분석할 수 있는 정신적 공간이기 때문이다. 가끔 거실에서 아내는 주말 드라마를 보고 나는 책을 읽는 경우도 있는데 도저히 집중할 수가 없었다. 산만함과 소음이 없는 유익한 읽기 환경은 텍스트에 집중할 수 있도록 해준다. 집중해서 읽어야 깊이 있게 이해를 향상시켜 작가가 말하고자 하는 문장들을 추출하고 아이디어를 분석하며 정보를 보다 효과저으로 유지할 수 있다.

책을 읽는다는 것은 인생에 꿈, 목표, 계획 실천을 통해 변화를 만들어낸다는 의미다. 독서는 삶의 나침반 같은 존재다. 좋은 책을 읽는다는 것은 최고의 스승과 대화를 나누는 것이다. 책 속에서 삶의 의미를 깨닫고 인생을 살아가는 지혜를 얻을 수 있다.

고등학교 동창들을 만나면 놀란 눈으로 쳐다본다. "네가 그걸 할 수 있다고?", "네가 어떻게 교수가 되고 작가가 됐지?", "학창시절 말 한마디 없던 네가 어떻게 강연가가 됐어?" 나와 어린 시절을 보낸 친구들의 눈에는 지금 나의 상황을 도저히 받아들일 수 없다는 표정이다. 주어진 대로 살았다면 아니 나의 기질대로 살아야 하는 세상이라면 삶은 무의미하고 재미없었을 것이다. "좀 더 재미있게 살아보는 방법이 없을까?"를 고민하다 보니 지금의 내가 되었다고 친구들에게 얘기를 해준다. 내 서재에는 300여 권의 책이 정리되어 있다. 삶에 변화를 준 것은 이들 책 속에 담긴 문장들이다. 칭기즈 칸이 어느 젊은이에게 보낸 편지 내용은 내성적인 나를 요동치게 만들었다.

'집안이 나쁘다고 탓하지 말라. 나는 아홉 살 때 아버지를 잃고 마을에서 쫓겨났다. 가난하다고 비관하지 말라, 나는 들쥐를 잡아먹으며 연명했고, 며칠을 굶고도 목숨을 건 전쟁에 임했다. 작은 나라에 태어났다고 한숨짓지 말라, 그림자 말고는 친구도 없고, 병기 하나 없는 병사만 10만, 백성은 어린애, 노인까지 합쳐봐야 2백만이 채 되지 않았다. 배운 게 없고 힘이 없다고 기죽지 말라, 나는 내 이름도 쓸 줄 몰랐으나 남의 말에 귀 기울이며 현명해지는 법을 배웠다. 너무 막막하다고 포기하지 말라, 나의 목에 칼을 쓰고도 탈출했고, 뺨에 화살을 맞고도 살아났다. 적은 밖에 있지 않고 내 안에 있었다. 내게 거추장스러운 것을 깡그리 내다 버렸다. 그렇게 나 자신을 극복하는 순간 나는 칭기즈칸이 되었다.'

이 글을 받아든 젊은이는 어떤 마음이었을까? 나는 이 글을 읽으면서 가슴속에 잠재되어 있던 욕망들이 꿈틀거림을 느꼈다. 나도 해낼 수 있다는 용기와 도전해보고 싶다는 생각이 들었다. 남들도 이 글을 읽으면 똑같은 생각을 할 것이다. 여기서 더 중요한 것은 실천이다. 실행에 옮긴 나는 지금의 작가로 교수로 교사로 성장할 수 있었던 것이다.

녹서를 3회에 걸쳐서 읽는다. 새벽 독시, 틈틈이 독시, 지녁 독시다. 기장 효과적으로 영향을 준 것은 새벽 독서다. 고요하고 통제된 환경에서 책을 읽음으로써 기억력이 향상된다. 작가가 말하고자 하는 의도와 나에게 도움을 주는 핵심정보를 얻는 능력이 향상되기 때문이다. 일관된 독서환경은 건전한 독서습관 발달에 기여한다. 개인이 독서를 긍정적이고 편안한 환경과 연관시킬 때 정기적으로 독서습관을 만드는데 도움이 된다. 독서 환경은 독자의 이해, 참여, 비판적 사고, 기억 및 지속적인 독서습관 개발 능력에 큰 영향을 미친다고 말할 수 있다.

지친 마음을 위해 서재는 필수다.

장은주

어릴 적부터 혼자만의 공간이 간절했다. 어떤 공간이든 편하게 쉴 공간이 그리웠다. 하지만 그건 늘 바람일 뿐 쉽게 주어지지 않았다. 가족들 틈에 부대끼며 사느라 현실은 어려웠다. 대학을 다니면서 자취를 하자 비로소 나만의 공간이 생겼다. 그때 나만의 독립된 공간이 있다는 게 좋았다. 그것도 잠시, 아이들을 양육하면서 다시 나만의 공간이 사라졌다. 어떻게 사는지도 모를 정도로 정신없이 지내다 허전함이 몰려왔다. 무엇이 이토록 채워지지 않는 건지. 집 안에 나만의 공간이 있어야겠구나. 그때 문득 그런 생각이 들었다.

사실 아이를 키우다 보면 독립된 공간은 힘들다. 식탁이 거의 엄마의 공간이 된다. 식탁에서 모든 일을 시작하고 대부분의 일과가 마무리된다. 이건 아니다 싶어 큰 테이블을 하나 사서 거실에 자리를 잡았다. 주방과 분리가 된 멋진 나만의 공간이 생겼다. 거기서 책도 읽고 조금씩 무언가를 끄적대기 시작했다.

책장을 방에 두면 부작용이 많다. 방 안에서 책을 잘 안 보게 된다. 집 안일하고 평소 생활하는 곳이 거실이다 보니 잠잘 때 말고는 방에 잘 안 들어간다. 그래서 TV를 없애고 거실을 온통 책장으로 채웠다. 그게 벌써 15년이다. 식사를 하고 나면 거실 테이블에 모여앉아 식구들 각자 좋아하는 일을 했다. 그림을 그리는 아이들 옆에 앉아 책을 읽었다. 주로 거실에 둘러 앉아 공부를 하거나 대화를 나눈다. 가족이 함께 모여 각자가 좋아하는 책을 손에 들고 읽으며 때로는 대화를 나누는 모습을 상상하면 좋지 않은가. 이제 그 공간 속에서 저녁을 보내는 게 익숙한 풍경이 되었다. 거실에 책상을 놓은 건 정말 잘한 일이다. 엄마의 서재가 힘들다면 거실에 공간을 마련해야 한다. 그러면 자연스레 함께 어울리게 된다.

김윤관 작가는 『아무튼 서재』에서 서재의 필요성을 말하고 있다.

"서재를 가져라. 당신만의 서재를 가져라. 명창정궤. 밝은 빛이 스며들고 정갈한 책상 하나로 이루어진 당신만의 서재를 가지는 일이 당신 자신의 모습으로 살아가는 첫걸음이 될 것이다. 책상이 없는 사람은 재산이 없는 사람처럼 가난하고 허전한 사람이다. 독립된 인간은 반드시 자기만의 책상을 소유해야만 한다."라고 강조한다.

돈이 있어도 자신의 영혼을 돌볼 책상이 없으면 가난하다는 것이다. 책상이 없다는 것은 그냥 가구가 없는 것이 아니다. 그 정도로 나에게 관심이 없다는 의미다. 나를 챙기고 가꾸지 않으면 돈이 무슨 소용인가. 책상 하나로도 나를 돌아보는 시간을 가질 수 있다. 대학시절 자취방에는 책상 하나 놓을 공간이 없었다. 월세를 아끼기 위해 룸메이트와 방을 함께 썼다. 둘이서 누워 양쪽으로 책장 두 개 정도 놓으면 방이 꽉 찼다. 무언가를 더 놓을 수가 없는 구조였다. 공부하려면 책상이 필요한데 그럴 수도 없었다. 시장에서 펴고 접는 작은 미니 상을 하나 구입했다. 학교에서 돌아오면 그 상을 펴서 레포트를 쓰던 기억이 난다. 조그만 상 위에서 편지도 쓰고 일기도 쓰면서 시간을 보냈다. 공간이 아무리 좁아도 그런 시절이 있었기에 돈은 없어도 마음은 풍요로웠다. 그 상을 아직 거실 소파 옆에 두고 간이 책상으로 잘 쓰고 있다. 가끔 상을 보면 그 앞에 앉아 온갖 쓰기에 몰두하던 때가 떠오른다. 지금은 그때보다 여유가 있지만 그만큼 열심히 쓰고 있는가. 형편이 예전보다 낫지만 다른 걸 채우느라 정신이 허기져 있는지도 모른다.

늘 생활하고 오래 머무르는 공간에 무엇이 있는가. 자기만의 공간에서 책상은 얼마나 가치 있는 물건인지 모른다. 책상이 있으면 앉게 되고 앉으면 다른 곳에서보다 생산적인 일을 할 확률이 높다. 평소처럼 재미있는 일이 없나 책장을 기웃하다가 문득 마음에 드는 책을 하나를 발견하고 읽을 수도 있다. 그렇게 읽게 된 책이 나를 바꾸는 계기가 될 수도 있지 않은가. 우연히 마주친 글귀 하나가 행동을 변화시킬 수도 있다.

버지니아 울프도 『자기만의 방』에서 여자에게는 세 가지가 필요하다고 했다. '연간 500파운드의 돈, 자기만의 방, 그리고 자신의 생각을 정확하게 표현할 수 있는 용기' 말이다. 나를 위해 쓰는 돈은 당연히 필요하다. 그러나 무엇보다 나만의 공간이 있어야 한다. 나만의 공간이란 단순히 물리적인 것 그 이상이다. 거기서 홀로 보내는 시간이 삶의 밑거름이 된다. 떠오르는 생각과 마음을 정리하면서 잃어버린 나를 찾을 수도 있다. 그 가운데 글을 쓸 용기도 생겨난다. 자기만의 방에서 방해받지 않는 독서로 나에게 집중하자. 그렇게 책으로 다져진 마음은 쉽게 무너지지 않는다.

사람은 누구나 자기만의 공간이 필요하다. 심적으로 워라밸을 찾을 수 있는 나만의 공간을 찾아야 한다. 떠올리면 기분이 좋아지고 마음이 편해지는 그런 공간 말이다. 밖에서 지친 나를 잠시나마 위로해 주는 공간! 거기에 책상과 책이 있는 공간은 영혼을 위해 필수다. 집안에서 서재는 반드시 필요하다. 서재를 위해 많은 게 필요하지는 않다. 번듯한 책상 하나만 놓여 있어도 멋진 서재가 된다. 따로 서재를 만들 상황이 안 되면 거실을 활용하면 된다. 거실에 책장을 붙여서 서재를 만들면 좋다. 자신의 모습으로 살아가기 위한 공간을 마련해야 한다. 그런 공간이 나를 변화시키는 시작이 될 것이다.

04

독서를 위해
환경설정부터 하자

과감하게 인생 여행을 떠나라.　　　　　　　　김원배

　유럽으로 자유여행을 가기 위해 10개월 전부터 준비했다. 여행할 국가를 독일, 스위스, 프랑스로 정하고 항공권, 숙소, 교통편, 먹거리, 관광 등 일일 단위로 계획을 세웠다. 모든 예약은 인터넷으로 진행하다 보니 현지에 도착해서 헤매는 경우도 발생한다. 그럴 때는 계획을 조금 수정해서 현지 사정에 맞게 바꾸면서 한 달간의 유럽 자유여행을 즐겁게 다녀왔다.

　아녜스 안은 "여행이란 일상에서 영원히 탈출하는 것이 아니라 좀 더

새로워진 나를 만나는 통로이며, 넓어진 시야와 마인드 그리고 가득 충전될 에너지를 가지고 일상으로 돌아오게 하는 것이다."라고 여행의 의미를 말하고 있다. 여행은 우리의 삶을 윤택하게 한다. 유럽 자유여행을 통해 즐거움과 희열감을 맛보고 미래 삶에 대해 자신감을 가지고 설계할 수 있게 됐다.

여행을 떠나기 전 우리는 어디로 어떻게 갈 것인지 목표를 정하고 계획을 세우듯 우리 삶도 각자의 계획대로 살아 움직인다. 뱃사공이 많으면 배가 산으로 간다는 말도 있다. 배가 항구를 떠날 때는 목표를 정하고 계획대로 움직여야 산으로 가지 않고 목표를 향해 순항할 수 있다.

마크 트웨인은 "20년 후 당신은 했던 일보다 하지 않았던 일로 인해 더 실망할 것이다. 그러므로 닻줄을 던져라. 안전한 항구를 떠나 항해하라. 당신의 돛에 무역풍을 가득 담아라, 탐험하라, 발견하라."라고 했다.

나는 여행과 도전을 좋아한다. 마음속에서 시키는 대로 하지 않으면 후회할 것 같아서 주어진 기회는 잡으려고 도전한다. 미래 삶의 목표를 세우고 그 목표를 이루기 위해 나는 매일 새벽마다 책 속으로 여행을 떠난다.

독서는 목표를 가지고 매일 읽는다. 독서하고 인생 여행을 하기 위해 목표를 설계한다. 책 속에서 삶의 가치를 깨닫고 미래 삶을 만들어 간다. 목표를 세울 때는 무조건 빨리 준비하기보다는 조금 천천히 실천하더라도 방향을 잘 설정하는 것이 중요하다. 목표도 없고 방향성도 없다면 한 발자국도 전진할 수 없다. 제자리에서 맴돌기만 할 뿐이다. 인생의 여행을 멀리서 찾지 말자. 우리가 찾고자 하는 것은 항상 가까이에 존재한다. 가까이 존재하는 것을 소중히 여기고 삶의 여정에 디딤돌로 삼아야 한다.

미래에 대한 꿈도 있고 하고 싶은 것도 많다. 그러나 어떻게 준비해야 할지 고민만 하다가 허송세월하는 경우가 대부분이다. 자신의 꿈을 찾는 가장 쉬운 방법은 책을 읽는 것이다. 책 속에서 미래를 설계하고 평생 직업인으로 살아가는 방향성을 찾아야 한다. 매일 읽고, 필사하고 생각하는 훈련을 통해 평생 직업인으로 늙어가는 것이 아니라 삶이 성숙하게 익어가는 것이다.

뭇 사람들은 매일 똑같은 생각과 행동을 하면서 성공하길 바라고 성공한 사람들을 비난한다. 자신에게는 운이라는 것이 없다고 세상을 원망하기도 한다. 아인슈타인은 매일 같은 행동을 반복하면서 다른 결과를 기대하는 것은 '미친 짓'이라고 했다. 미치지 않으면 자기 꿈을 이루지 못한다. 미치지 않는다면 목표 지점에 도달하지 못한다.

책 속에서 인생의 여행을 지금부터 시작하라.

'책을 열심히 읽어야지. 올해는 꼭 독서를 많이 해야지.'

많은 사람들이 그렇게 결심하고 목표를 세운다. 하지만 마음먹는다고 책이 읽어지는 건 아니다. 어떤 일을 할 때 의지보다 습관의 힘으로 한다. 평소 책 읽는 습관이 되어 있지 않으면 짬이 나도 읽지 않는다. 시간이 나도 다른 걸 선택할 확률이 높다. 그러니 책 읽기를 하루의 중요한 일과로 정해 놓아야 한다. 독서는 시간을 정해두어야 가능하다. 그렇지 않으면 꾸준히 책 읽기란 어렵다. 책보다 재미있는 게 넘쳐나는데 굳이 책을 들 이유가 없으니까. 독서가 다른 것보다 재미있으려면 꾸준히 해서 습관이 되어야 한다.

언제 읽을 것인가. 최근 새벽 기상 하고 인증하는 사람들이 많아졌다. 일찍 일어나면 아침 시간을 최대한 독서에 활용한다. 조용해서 책 읽기에 좋다. 누구의 방해도 없는 아침은 독서하기 최적의 시간이다. 매일 독서 시간을 정하고 일정표에 적어두자. 그래야 어떻게든 하게 된다. 아침이 분주하고 바쁘다면 딱 15분만 읽는다. 작아 보여도 꽤 효과적이다. 하루 15분이 쌓이면 일주일에 100분이 넘는다. 일주일이면 책 한 권을 읽을 수가 있다. 아침에 눈을 떠서 잠시만 봐야지 하고 폰을 들면 시간이 금방 간다. 필요하지 않은 걸 하느라 마음은 급하고 하루는 더 바빠진다. 필요한 것만 확인하고 얼른 내려두고서 책을 펼쳐야 한다.

하루 15분 읽기! 아무리 바빠도 아침에 15분 정도 책을 읽어보자. 잠깐의 독서로도 두뇌가 활성화된다. 상쾌하게 하루를 시작할 수가 있다. 주의를 산만하게 하는 것들을 치우고 책을 읽으면 삶의 질이 올라간다. 타이머를 맞추고 짧게라도 책을 읽으면 기분도 다르다. 읽던 내용이 궁금해서 나중에 다시 펼쳐보게 된다. 경험상 그렇게 아침에 책을 보지 않으면 일과 중에 그런 여유는 생겨나지 않는다. 부단히 노력해야 가능하다. 그래서 어떤 일을 할 때 환경 설정이 중요하다. 매일 책을 읽을 수 있는 환경을 만들어야 한다.

'읽고 쓰는 삶'을 살고 싶었다. 그런 삶을 위해 무엇부터 할까. 일하는 시간을 제외하고 대부분의 시간을 어디서 보낼지 고민하며 철저하게 환경을 설정했다. 장소에 따라 할 수 있는 게 달라지니까. 몰입하는 환경을 위해 카페를 선택했다. 벌써 카페 생활이 6년이 되었다. 책에서 만난 작가들 대부분이 글을 쓰러 카페에 간다고 했다. 왜 도서관이 아닌 카페일까. 책도 많고 조용한 도서관이 더 좋을 것 같은데 말이다. 직접 가보니 너무 조용한 곳에서는 오히려 집중이 잘 안 되었다. 주변이 고요하니

졸려서 읽고 있던 책을 베개 삼아 자고 싶을 때도 있었다. 오히려 약간의 소음이 있는 공간에서 심리적 안정감을 느낀다. 사람들 소리가 들리지만 그렇다고 정확히 귀에 들어오지 않는 적당한 백색소음이 있는 곳에서 집중도가 높았다. 그런 편안한 분위기에 취해 책을 보고 있으면 시간이 어떻게 가는지 모를 정도다.

카페를 가면 먼저 자리를 잡고 앉아 15분 독서를 하고 일을 진행한다. 어딜 가더라도 마찬가지다. 자리에 앉으면 조금이라도 책을 읽는다. 바쁜 일로 아침 독서를 거른 날에는 더욱 의식적으로 책을 읽었다. 독서 시간을 확보하기 위해 노력했다. 일을 하고 있으면 눈도 피곤해지고 책을 읽을 여유가 안 생긴다. 그래서 무조건 앉으면 책부터 읽는 게 마음이 편하다. 잠깐의 독서로 예열하고 다른 걸 하면 한결 낫다. 책을 읽는 동안 생겨난 집중력으로 일이 더 잘된다. 카페에서 일만 하다가 나오면 왠지 아쉽다. 느긋하게 책만 보는 사람들의 여유까지는 못 챙겨도 잠깐의 독서로 그 기분을 느낄 수 있다.

'모든 기다림의 순간에 책을 읽는다.' 독서할 때는 이런 마음가짐이 필요하다. 누군가를 기다릴 때 책을 보면 기다림이 지루하지가 않다. 상대방이 늦거나 차가 막혀도 괜찮다. 너그러운 마음으로 받아들이고 좀 더 느긋해지기 좋다. 시사를 기다릴 때도 바쁜 생각들을 내려두고 책을 본다. 그러면 한결 여유가 생긴다. 대부분 폰을 하는 가운데 홀로 외딴섬에 있는 것 같다. 그래도 즐기면서 마음까지 챙길 수 있으니 상관없다.

책을 읽을 때 기다림의 시간이 그저 좋은 곳이 있다. 바로 병원이다. 병원은 한번 가면 대기 시간이 얼마나 아까운지. 예상치 못하게 길어질 때가 많다. 아픈데 굳이 거기서 독서를 해야 하냐고 물을 수도 있다. 하지만 사람들은 아파도 폰으로 할 일은 다한다. 글자가 눈에 안 들어올 정도로 아프면 그냥 눈을 감고 쉬는 게 낫다. 그 정도가 아니면 웬만해서는 책을 읽는다. 아이들과 병원에 가면 접수하고 가만히 기다리는 시간이 많다. 그때 스치듯 읽는 글귀가 눈에 쏙쏙 들어온다. 책을 읽으면서 정신을 더 단단하게 챙길 수 있다.

그렇게 짬 나는 대로 독서 시간을 모은다. 블록을 쌓아올리듯 모인 시간들은 제법 든든한 내공이 된다. 짬을 내서 책을 읽는 덕분에 정신을 어느 정도 붙들고 사는 것 같다. 일은 처리해도 끝이 없고 정신은 늘 어딘가 먼 곳에 있을 때가 많지 않은가. 책을 읽으면서 생각을 정리하고 여기저기 흩어졌던 마음을 모은다. 하루를 바쁘게 허덕거리다 끝나지 않으려고 애써 환경을 만들고 책을 읽는다.

05

수익을 남기는
독서력

잠을 자는 동안에도 수익이 발생한다.　　　　　김원배

2019년 첫 개인 책이 출간되고 출판기념회를 하면서 앞으로의 비전을 선언했다. 진로작가로서 "매년 1권 이상의 개인 책을 출간하고 강연하고 진로작가로 열정적으로 활동하겠다."라고 선언했다. 비전을 선언했으면 장기 목표를 세워야 한다.

장기목표는 책을 쓰고 강연가로 활동하기 위해 꾸준히 책을 읽고 독서 모임을 운영하며 여러 사람과 함께 성장해가는 모델을 만드는 것이다.

중기목표는 책을 통해 공부할 분야를 선정한다. 독서도 1만 시간의 법 식을 적용한다. 3년, 5년, 10년 동안 한 분야의 책을 읽고 공부한다는 목

표를 세웠다.

단기목표는 1년 단위로 계획을 세운다. 2023년 목표는 세계고전문학, 청소년소설 분야이다. 계획을 세운 책들을 연간 100권 이상 책을 읽고 서평을 블로그에 올린다는 목표를 설정한다. 이러한 목표들을 출력해서 책상 앞에 붙여놓고 매일 아침 읽으면서 뇌가 기억힐 수 있도록 한다.

단기 목표까지 세웠으면 세부적인 목표도 만들어야 한다. 월별로 계획을 세우는 것이다. 월 4권의 책을 읽고 서평을 작성하여 블로그에 업로드한다. 월별 읽을 책을 주제별로 정해서 읽는다. 주간계획은 1주일에 2권의 책을 읽고 서평을 작성한다. 월간 목표로 정한 책 1권, 자율독서 1권으로 정해서 읽고 있다. 일일계획은 책 읽을 시간과 분량을 정하는 것이다. 새벽시간과 틈틈이 시간을 정해놓고 읽는 중이다. 책을 읽은 후에는 반드시 필사하고 서평을 작성한다.

2017년 처음 공저를 쓸 때는 자비부담이 컸다. 아내에게 돈도 안 되는 일을 하고 있다고 구박도 받았다. 새벽 시간에 일찍 일어나니 건강에도 해롭다면서 잠을 충분히 자고 학교 일에만 집중하라고 말할 정도였다.

내가 좋아서 하는 일이라고 설득하면서 원하는 방향대로 나아가고 있다. 2019년 첫 책이 드디어 나오고 서울시민청에서 성대하게 출판기념회를 열게 된다. 150여 명의 지인들이 참여해서 축하해줬다. 『청소년을 위한 진로멘토링』은 4쇄까지 찍고 판매됐다. 인세라는 것을 처음 받아본 그 감동은 형용할 수 없을 정도로 뿌듯했다. 아내도 성과를 내는 것을 보면서 내가 좋아서 하는 일을 믿고 응원해주기로 했다. 읽고, 쓰고, 시간 내서 하는 일들이 처음에는 고달프지만 끈기를 가지고 도전하면 지금 하는 일들이 수익으로 연결된다. 첫 개인 책이 나오고 나서부터 학교, 도서관, 평생교육원 등으로 강연도 다니고 있다. 인세보다 강연료가 더 많은 수익을 남기고 있는 것이다.

2012년부터 11년간 진로교육을 하면서 좀 더 쉽고 뭔가 아이들에게 도움이 될 만한 것들을 찾아서 책으로 출간 중이다. 학생들이 스스로 가정에서 자기주도학습 할 수 있는 자료들이다. 지금은 잠을 자고 있어도 책들이 알아서 수익을 남겨주고 있다.

독서습관이 성장이 되고 성장이 돈을 벌게 하려면 어떻게 읽어야 할까?

내 몸에 피와 살이 되도록 깊이 읽어야 한다. 좋은 책을 선정해서 읽어야 한다. 오랜 세월 수많은 사람들이 인정한 인문고전 등 스테디셀러 책을 읽을 것을 추천한다.

책을 읽을 때는 편식하지 말고 여러 분야의 책을 골고루 또는 한 분야의 책이라도 여러 작가의 책을 골고루 읽으면서 생각의 힘을 키우는 것이 중요하다.

책을 읽었으면 나만의 언어로 노트에 정리한다. 필사노트와 독서노트를 만들어야 한다. 이렇게 책 내용을 정리하고 생각을 첨삭하면서 평소 관심분야나 평생 해온 업무와 연결시켜보는 것이다. 연결시키다 보면 책을 쓰게 된다. 책을 쓰게 되면서 평생 해 온 일에 전문가가 되는 것이다.

매년 3월 진로와 직업 수업을 하면서 아이들은 내가 집필한 교과서로 수업을 듣는다. 책 표지를 보면서 아이들은 환호성을 지른다. 저자 직강으로 수업을 듣기 때문이다. 책을 출간했기 때문에 많은 분들이 진로분야 전문가로 인정하고 있다. 아이들뿐만 아니라 나를 아는 온오프라인 인맥들이 인정하는 것이다. 책을 낼 수 있었던 힘은 치열한 독서력에 있다.

하루에 1%씩만 성장한다고 생각하고 도전해보자. 비전을 선언하고 목표를 세웠다면 반드시 목표를 이루겠다는 도전정신과 실행력이 있어야 한다. 독서를 통해서 수익구조를 만들고 싶다면 비전, 목표, 자신감, 강인한 정신력을 갖추어야 한다. 꾸준한 책 읽기와 자신의 업무와 연결되는 순간 수익이 발생한다. 지금부터 계획을 세우고 실천해보자. 실천하는 자만이 성장하고 성공한다. 모든 분이 독서를 통해 수익화 구조를 완성하길 바란다.

읽고 소통하며 수익까지 얻다.

장은주

　살다 보면 지치는 순간들이 많다. 내 의지와 상관없이 우울한 감정은 어느 날 예고도 없이 불쑥 찾아오곤 했다. 육아와 집안일로 지치면 혼자 조용한 곳으로 들어가고 싶어진다. 그때마다 가장 위로가 되어준 건 책이었다. '이래라 저래라.' 그 누구의 조언도 귀에 들어오지 않았다. 사람들이 이런저런 말을 해도 크게 와 닿지 않았다. 그 상황에서는 마음을 달래줄 책이 전부였다. 그래서 시간만 나면 도서관이나 서점을 찾아다녔다. 마음이 끌리는 대로 펼쳐든 책에서 힘든 현실을 잠시나마 내려놓을 수 있었다. 사람을 만나 대화를 나누면 그 즐거움이 잠깐이다. 잠시 위로는 되지만 해결책은 없었다. 그러나 책의 저자와 이야기를 하다 보면 그 울림이 오래갔다. 깨달음과 용기를 주니 점점 더 열심히 읽고 싶어졌다. 읽다 보면 책 속의 문장들이 자꾸 말을 걸어왔고 그때 만난 한 줄의 문장이 큰 힘이 되었다.

　많은 사람들이 현실을 벗어나고 싶어 한다. 목표를 설정하고 노력해야지 다짐도 한다. 그러나 막상 실천하려면 잘 안 된다. 책을 읽으면서 무엇을 해야 할지 조금씩 보였다. 시간을 내서 독서하다 보니 책을 읽는 게 어느새 중요한 일과가 되었다. 점점 책의 저자들처럼 살고 싶다는 마음이 강해졌다. 책을 열심히 읽기 전에는 그런 생각을 해본 적도 없었다. 그저 재미로 읽고 노트에 끄적거리는 게 전부였다. 그런데 저자들과의 만남이 이어질수록 책을 써야겠다는 마음이 생겼다. 도대체 무슨 주제로 책을 쓰나 고민에 빠졌다.

코로나에 많은 사람들이 우울하고 힘들어했다. 밖에 나가는 것도 어렵고 일상이 단절되어 매일이 괴로운 날들이었다. 그때 나를 보는 주변 사람들은 매번 같은 질문을 했다. "뭐가 그렇게 즐거워요? 무엇 때문에 매일 그렇게 웃을 수 있죠?" 그 질문에 한결같이 대답했다. "매일 걸으니 즐겁네요." 그냥 걷는데 무슨 재미가 있을까 하는 반응이었다.

'위기가 기회'라는 말처럼 나는 그 시간을 기회로 받아들였다. 어차피 이 모든 것도 지나가리라는 마음으로. 생활 속에서 편하게 드나들던 곳의 출입이 제한되고 밖에는 거리두기를 하느라 사람들이 별로 없었다. 어딜 가든 사람들이 별로 없어서 조용히 걸으며 나를 돌아보는 시간을 많이 가질 수 있었다. 매일 산책로와 등산로를 따라 걸었다. 그랬더니 생활은 더욱 단조로워졌고 규칙적으로 지낼 수 있어 오히려 좋았다. '이런 시간이 주어진 건 어쩌면 이제까지의 삶을 살펴보고 앞으로 어떻게 살지 깊이 생각하라는 뜻이구나.' 그런 생각마저 들었다. 혼자 걷다가 때론 가족과 함께 걸었다. 그때마다 이 순간들이 얼마나 소중한지 깊이 느낄 수 있었다. 그렇게 지내다온 시간들 속에 행복과 즐거움이 가득했다.

주어진 환경보다 중요한 건 그걸 받아들이는 내 마음이다. 같은 상황에서도 어떻게 바라보는가에 따라 삶이 달라질 수 있다. 그런 의미에서 이제까지 느낀 걷기의 즐거움을 나누고 싶었다. 나를 돌아보고 성장하도록 이끄는 힘은 걷기에서 나온다. 하루에 잠깐이라도 시간을 내서 걸으면 마음가짐도 달라지고 활기찬 일상을 보낼 수 있다. 그렇게 나를 돌아보며 걷는 시간을 가졌으면 했다. 마음을 달리 해서 걸으면 얼마나 풍요로운지를 알리고 많이 걸을 수 있도록 동기부여하고 싶어 책을 쓰게 되었다.

『언니, 걷기부터 해요』라는 책이 출간되자 주변의 반응이 놀라웠다. 사실 원고를 쓸 때 큰 바람은 없었다. 이 책을 읽고 나처럼 우울하고 힘든 상황 속에 있는 사람이 용기를 내어 운동화를 신고 밖으로 나와 자신과 마주하는 시간을 가지길 바라는 마음이었다. 그 한 가지 바람만 간절했다. 그런데 많은 사람들이 책을 통해 운동하고 싶은 욕구가 생겼다는 말을 전해주었다. 출간 후 한 달 동안은 정말 다른 세상에 사는 것 같았다. 독자들의 이어지는 후기와 유튜브 등 여러 매체에 소개되어 확인하느라 바빴다. 블로그에 쏟아지는 서평과 인스타에서 독자들의 정성 가득한 후기를 읽으며 위로를 받았다. 용기를 주려고 썼는데 글을 쓴 내가 더 많은 걸 얻었다.

뜨거운 관심 덕분에 책이 출간된 지 두 달 만에 대만으로 판권이 수출되는 기적도 일어났다. 올해 초에 대만에서 정식으로 출간되었다는 소식을 들었다. 중국어로 된 노란 표지의 책을 직접 받아들었을 때는 감회가 새로웠다. 비록 글자는 읽을 수 없지만 직접 쓴 글이라 그 느낌이 고스란히 전해져왔다. 책으로 인한 인세도 수입도 중요하다. 그러나 무엇보다 독자들과 소통하는 게 가장 값지고 보람되다. 책을 읽고 찾아오는 독자들과의 소통은 또 다른 즐거움과 행복을 주었다. 무미건조한 삶이 걷기로 달라졌다는 그들의 이야기를 듣고 있으면 힘이 난다. 그리고 '더 열심히 일상을 걷는 사람이 되어야 겠구나.' 하는 생각이 든다.

얼마 전 SNS에서 말레이시아 독자가 남긴 글을 보았다. 감사의 마음을 담은 장문의 글을 보면서 책의 위력을 실감할 수 있었다. 동네 서점에 들렀다가 우연히 내 책을 보게 되었고 내용처럼 따라 했단다. 집 근처를 시작으로 주변을 걸으면서 생활에 변화가 생겼다고 했다. 책을 읽고만 끝나는 게 아니라 궁금해서 검색하다가 인스타에서 보게 되어 그 감동을 남겨준 것이다. 그렇게 사진과 글을 공유하면서 친구가 되었다. 서로에게 힘을 실어줄 수 있어서 책을 쓴 보람이 저절로 느껴진다.

책이 조금씩 알려지자 원고 의뢰가 들어왔다. 틈나는 대로 회사 사보에 실리는 글도 여러 번 썼다. 체력이 그렇게 좋지 않았던 내가 회사 사보 운동 특집에 실리다니. 유명 잡지사에서는 걷기와 운동에 관해 인터뷰를 하러 왔다. 평소 자주 가는 등산로 입구에서 절정인 단풍을 배경으로 여러 포즈를 취하며 사진을 찍었다. 이렇게 멋진 화보를 남길 수 있다니. 나중에 잡지를 받았을 때 화보 같은 사진과 글들이 오랫동안 웃게 해주었다. 또 한 번 잊지 못할 순간이었다. 그렇게 여러 권의 사보와 잡지를 통해 다양한 수익을 만들어냈다. 꾸준히 걸었기에 가능한 일이다. 걸으면서 성찰한 것들을 지속적으로 글로 써왔고 그걸 나누고 싶어 책을 쓴 덕분이다. 변화를 갈망하며 책을 읽었고 삶의 즐거움을 나누고 싶어서 책을 썼다. 책을 통해 세상과 소통할 수 있음이 감사하고 뿌듯하다. 그 가운데 수익은 덤으로 따라 오니 책을 읽지 않을 수가 없다.

06

강연가로
한 걸음씩 걸어볼까

명강사로 유명해지기 시작하다.
김원배

태공이 말했다. "무릇 사람을 미리 점칠 수 없다, 바닷물을 말(斗)로 그 양을 잴 수 없듯이 말이다." 『명심보감』에 나오는 글이다. 어떤 사람이 바닷물을 됫박으로 평생 동안 잰다고 해도 절대 잴 수 없는 일이다. 잴 수 없는 바닷물처럼 사람의 미래는 함부로 예측할 수 없는 것이다. 부모는 자녀의 인생 항로에 함부로 이래라 저래라 말해서는 안 된다고 부모 대상 강의에서 종종 해주는 말이다.

2012년 진로교사를 하면서 학부모 대상으로 강의를 해보고 싶다는 생각이 들었다. 중구지역 진로교사들끼리 협의체를 구성하고 중구청에서 예산을 받아서 학교별로 학부모 연수프로그램을 진행했다. 강사는 진로교사들끼리 돌아가면서 강의를 하면서 시작했다.

학교에서 수업하는 것과 외부인들을 대상으로 강의하는 것은 차원이 달랐다. 공부도 많이 해야 하고 자료들도 많이 찾아야 한다. 어떤 말을 해야 할지 시나리오도 작성해서 연습을 하면서 강의를 준비했다. 학부모 대상으로 강의를 시작해야겠다고 마음먹게 된 계기는 남들처럼 나도 해보고 싶었기 때문이다. 학교에서 진로상담도 하지만 폭넓게 진로교육을 부모들에게 알려드리고 싶어서 강연가로 나서야겠다고 생각을 하게 된다. 첫 강의에서 긴장도 하고 가슴이 떨려오기도 했다. 무대공포증, 많은 사람들에 대한 부담감들이 닥쳐왔지만 두어 시간 강의하고 나면 대단하고 뿌듯하다는 것을 느끼면서 조금씩 자신감이 향상됐다.

2019년 『청소년을 위한 진로멘토링 38』을 출간하면서 본격적으로 도서관, 학교 등으로 강의를 다니기 시작했다. 학교에서 교사로서 활동하면서 외부 강의를 꿈꾸면서 진로교육에 대한 전문성을 갖추기 위해 부단히 노력했다. 우선 진로교육 전문가로서 전문성을 키우기 위해 다양한 강의를 수강하고 관련 책들을 읽었다. 좀 더 즐거운 시간으로 만들어주기 위해 나에게 일어난 일이나 취미 그리고 가정교육의 상황들을 적절하게 강의 콘텐츠로 연결했다. 내가 살아온 경험과 두 아들을 키우면서 얻게 된

자녀교육에 대한 철학들을 강의원고에 녹아내면서 청중의 반응을 이끌어냈다. 강사는 정년이 없다. 평생직업인으로 내 삶을 살아가고 있는 것이다.

명강사로 발돋움하기 위해서는 나만의 콘텐츠를 만드는 것이 중요하다. 나만의 방법을 소개한다.

첫째, 지식과 경험으로 강의자료를 만든다. 진로교사 11년 동안 상담사례, 진로지도, 진로활동, 두 아들 아빠로서의 경험들을 강의자료에 녹여낸다.

둘째, 평소 생활이나 드라마 신문 등의 뉴스에서 강의주제와 연결할수 있는 것들을 찾아내어 이야기한다.

셋째, 강의내용은 논리적으로 구조화가 되어야 한다. 수강자들에게 쉽게 전달하기 위해서는 구조화가 반드시 필요하다. 시간의 흐름, 사건의흐름, 내용 중심 흐름 등을 기준으로 자료를 만들어야 한다.

넷째, 강의 내용만 전달하지 말고 청중의 마음을 사로잡는 스토리텔링을 해야 한다. 설득보다 사람의 마음을 움직이는 강의가 훌륭한 강의다.

다섯째, 지금 하고 있는 나만의 일 속에서 전문적인 강의 콘텐츠를 만들어야 한다.

대중을 위한 강연을 하면서 나에게는 진로교사라는 전문성을 갖추는 계기가 됐다. 학교 수업과는 차원이 다른 분야라고 할 수 있다. 수업은 기술이나 학업지식을 학생들에게 전달하는 일이다. 강의는 학문이나 기술이 일정한 내용을 체계적으로 설명하여 가르치는 일이다. 강의는 각 교과목 또는 다양한 분야에 맞는 지식과 방법들을 알려준다. 강연은 일정한 주제에 대하여 청중 앞에서 강의 형식으로 말한다. 명강사가 되기 위해서는 나만의 소신과 원칙이 필요하다. 소신이 없으면 강의주제를 벗어나게 된다. 강사만의 철학이 있어야 한다. 최고의 강사와 최악의 강사의 차이는 뭘까? 최고의 강사는 지식과 정보 그리고 감동을 준다. 뭔가 청중에게 지식을 전달하려하기 보다는 청중과 소통하면서 도우려는 마음가짐이 자기 자신을 위해 강의하게 되고 쉽게 지치지 않으면서 본업에 충실하면서 강의를 할 수 있는 것이다.

학교생활 31년 중 교직경험은 15년이다. 그리고 외부 강의 경력은 5년 차다. 2021년 『하싶은 것이 뭔지 모르는 10대에게』가 출간되면서 강의 의뢰가 많이 들어왔다. 외부 강의 경력이 많지는 않지만 나름대로 강의에 대한 나만의 생각을 가지고 있다.

강의 하면서 청중에게 살아온 과정을 이야기한다. 맥아더스쿨 정은상 교장님의 강의를 서너 번 들으면서 배우게 됐다. 실패와 성장해온 이야기로 청중을 사로잡았다. 나도 강의 자료에 굴곡진 이야기들을 첨가했다.

처음 강의를 시작할 때는 최근 이슈로 동기부여를 한다. 내가 강의를 어떻게 하는지 살피면서 쳐다보는 청중에게 재미있는 사례나 사랑이야기 또는 자녀이야기를 하면서 긴장하고 있는 청중을 무장 해제시키는 것이다. 이때는 단순하고, 짧고 명확하게 전달해야 한다.

나만의 이야기로 두어 시간을 이끌어갈 수 없다. 그러면 청중이 아무 것도 얻지 못하는 강의를 하게 된다. 강사는 깊이 있는 철학과 사명감이 있어야 한다. 책을 읽어야 되는 이유다. 명언이나 철학자들의 이야기 또는 책속의 문장들을 인용하여 주제와 연결해 나간다.

최근의 이론이나 상식도 중요하다. 진로 관련 강의를 하면서 여러 학자의 진로교육 이론들을 적용한다. 청중은 상품을 구매하는 고객들이다. 고객들을 사로잡을 수 있는 무기가 있어야 한다. 학부모 대상이라면 당연히 자녀 교육에 궁금한 것이 돈을 내고 강의를 듣는 것이다. 고객이 고민하는 것을 찾아야 한다. 최신의 관심거리나 주제에 관련된 이슈들을 정리한다. 강의를 듣고 평생 살아가면서 죽도록 하고 싶기도 하고 해야겠다는 실행의지가 생긴다면 그 강의는 아주 명강의라고 할 수 있다.

'타고난 강사'는 없다는 말이 있다. 강의 전에 항상 완벽하게 준비하고 편안한 마음가짐으로 청중과 소통하는 것이다. 타고난 강사의 능력을 발휘하기 위해서는 끊임없이 자기계발해야 한다. 책을 읽고 자신의 전문분야에 대한 책을 써야 한다. 유명한 강사들은 자신만의 콘텐츠를 책으로 만든다. 이름이 세상에 알려진 강사라면 알아서 청중이 몰려들겠지만 처음 외부 강의를 시작하는 경우라면 자신만의 콘텐츠를 만들어서 홍보해야 한다. 가장 완벽한 콘텐츠는 책이다.

청중의 신뢰를 얻고 그들의 꿈과 그들이 원하는 것을 이해하고 공감하면서 살다 보면 더 좋은 인생을 살게 되고 유용한 정보를 담은 콘텐츠를 만들어내게 된다. 강의 분야의 책을 출간하라고 나는 말하고 다닌다. 콘텐츠를 만들기 위해서는 독서와 글쓰기를 기본으로 해야 한다.

열등감을 극복하고 강사로 나아가다.　　장은주

　책을 읽으면서 열등감이 많이 사라졌다. 그동안 어디 있었는지 모를 자존감도 회복되었다. 그런데 여전히 숙제처럼 남아 있는 게 있었다. 바로 청중 앞에서 발표하는 것이다. 다른 건 노력하면 어느 정도 결과가 보이는데 발표는 늘 어렵게만 느껴졌다. 사람들 앞에 서기만 하면 어색하고 심장이 두근두근 떨렸다. 몇 안 되는 작은 규모의 모임에서도 마찬가지였다. 작은 공간에서 다섯 명 이상이 되면 괜히 답답해졌다. 특히 내 차례가 되면 어쩌나 순서가 되기도 전에 떨렸다. 다른 사람들의 말이 귀에 잘 안 들렸고 무슨 말을 해야 할까 생각하느라 바빴다. 평소에는 활발한데 그 순간만 되면 멍해졌다. 어쩜 그렇게도 말하는 게 어려운지. 아무리 신경을 안 쓰려고 해도 발표 불안은 늘 따라다녔고 자신의 의견을 잘 표현하는 사람들이 마냥 신기했다.

　말하는 것은 글로 쓰는 것과 다르다. 그래서 책을 쓰고도 두려웠다. 혹시 강연을 하거나 대중 앞에 서야 하면 어쩌나. 시간이 갈수록 점점 두려워졌다. 저자강연을 하게 되면 그 난감한 순간을 어떻게 극복해야 할까. 책이 출간되고 최대의 고민이었다. 언제까지 걱정과 두려움 속에 살 수는 없었다. '발표 불안 극복하기'를 버킷리스트에 추가했다.

관련된 책을 읽고 적용해 보아도 답이 보이질 않았다. 그러다 한 작가님의 책을 보게 되었다. 바로『쫓기지 않는 50대를 사는 법』을 쓰신 이목원 작가님이다. 책의 내용이 너무나 와닿았고 공감되는 이야기들이 많았다. 작가님도 나처럼 발표 불안이 있었는데 극복하고 사람들 앞에서 강연을 하고 있다고 하셨다. 말씀을 편하게 잘하셔서 그런 발표 불안이 있었다는 걸 들으니 놀라웠다. 코로나에 줌으로 우연히 작가님의 특강을 듣게 되었는데 끝나고도 여운이 많이 남았다. 만나 뵙고 싶은 마음에 당장 연락을 드렸고 며칠 후 대구에서 만남의 시간을 가졌다. 작가님을 만나 변화된 과정들을 직접 들으니 왠지 희망이 생겼다. 상황이 비슷해 왠지 나도 바뀔 수 있을 것 같다는 생각도 들었다.

궁금한 것들을 물어보고 어떻게 실행해야 할지 고민하던 중에 한 분을 소개해 주셨다. 그분이 바로 많은 이들에게 DID 마인드로 선한 영향력을 주고 계시는 송수용 작가님이다. 송수용 작가님의 책을 다 찾아보고 유튜브와 영상을 모두 찾아 들었다. 밖에 나가 걸을 때마다 강연들을 듣고 또 들으며 온몸에 새겨 넣었다. "나는 될 수밖에 없다. 될 때까지 할 거니까!"라는 강한 메시지가 무엇보다 뭉클하게 다가왔다. 소개를 받은 지 보름 만에 찾아뵙고 인사를 나누었다. 온화한 미소에 사람을 정성으로 대하시는 그 마음이 고스란히 느껴졌다. 무엇이든 함께 하면 어떤 변화라도 생길 것 같은 강한 믿음이 생겼다.

망설이며 고민할 것도 없이 바로 작가님이 하시는 강연코칭을 들었다. 집 거실에서 줌으로 수업을 들으니 어찌나 좋은지. 오가는 시간이 절약되고 때 맞추어 접속만 하면 되니 편했다. 그렇게 한 달 정도 훈련을 받았다. 과연 수업을 듣는다고 내성적인 성격의 소심한 내가 강연을 할 수 있을지 의문이었다. 하지만 과제를 성실하게 수행하며 간절한 마음으로 따라갔다. 간절한 마음으로 집중해서 들으니 나중에는 자신감이 생겼다. 왜 발표불안이 생기는지도 알게 되고 강연을 통해 내 메시지를 어떻게 전달하는지도 보여 주셨다.

무엇보다 수업 과제 중에 낭독이 효과가 좋았다. 지정된 책으로 매일 낭독을 해서 단톡방에 인증을 했는데 처음에는 낯설고 어려웠다. 두꺼운 책을 펴들고 책상에 앉아 글자에 집중하며 읽어나갔다. 어떤 날에는 틀려서 다시 녹음을 하기도 했다. 사실 10분도 안 되는 짧은 분량을 정확하게 읽는 게 생각만큼 잘 안 된다. 처음에는 안 틀리기 위해 글자를 힘주어 보는 데만 신경 썼다. 그런데 차츰 익숙해지자 편하게 읽어나갈 수 있었다. 코칭 수업이 끝나고도 낭독을 지금까지 이어오고 있다. 400페이지가 넘는 두꺼운 책을 1년 반이 넘도록 벌써 14번째 하고 있는 중이다.

낭독의 효과는 상당했다. 낭독을 하면 그냥 읽을 때와 느낌이 다르다. 낭독하면 내가 말한 걸 직접 들을 수 있다. 눈과 입, 귀가 동시에 움직이기 때문에 상당한 집중력이 생긴다. 법정스님은 "종교의 어떤 경전이든 소리 내어 읽어야 한다. 그저 눈으로 스치지만 말고 소리 내어 읽을 때 그 울림에 신비한 기운이 스며 있어 그 경전을 말한 분의 음성을 들을 수 있다."라고 하셨다. 이 말씀처럼 소리 내어 읽는 게 얼마나 중요한지 읽으면서 깨달을 수 있었다. 오랫동안 하다 보니 발음이 좋아졌고 호흡이 편해졌다. 책을 한번 읽기도 힘든데 의미를 새기며 소리 내어 읽으니 그 내용이 완전히 내 것이 되었다. 내용만 보면 제목이 툭 튀어나올 때도 있다.

그렇게 어느 정도 익숙해졌을 때 북콘서트를 할 기회가 생겼다. 이제 미루거나 거절 같은 건 하지 않았다. 무조건 해보자는 마음이 더 강했다. 잔디가 넓은 카페에서 이야기 손님들이 둘러 앉아 있고 앞에는 스텝들이 녹화를 하고 있었다. 하지만 예전처럼 떨리거나 긴장돼서 말이 안 나오는 일은 없었다. 오히려 그 순간을 즐겁게 받아들이며 웃기까지 했다. 이럴 수가! 사람들 앞에서 편하게 이야기를 하다니. 나중에 방송을 다시 봐도 그저 놀라웠다. 한 번의 성공이 자신감을 더욱 심어주었다. 이후 코로나에 온라인으로 저자 강연 요청이 계속 이어졌다. 매달 한두 번씩 꾸준히 강연을 통해 책에서 다하지 못한 이야기들을 전할 수 있었다. 줌이 아니었다면 어떻게 그런 세상을 경험할 수 있었을까.

무엇이든 처음이 어렵다. 계속 강연을 반복하다보니 사람들 앞에서 말을 하는 게 더 이상 어색하지 않았다. '무엇을 전달할까, 어떻게 하면 강연이 사람들의 마음에 닿을 수 있을까?' 오직 그것만 생각하게 된다. 아무리 강의 내용이 좋아도 울림을 줄 수 없다면 지식을 전달하는 것에 불과하다. 그저 지식을 전달하는 것보나 마음을 움직일 수 있기를 바랐다. 하나라도 내 것으로 만들어 삶에 변화를 줄 수 있다면 강의를 한 보람을 느낀다. 줌으로 강의를 하면 실시간으로 소통이 가능하다. 그때 궁금한 걸 나누다 보면 어떤 도움을 드릴 수 있을까 생각하게 된다. 그렇게 고민하는 시간을 통해 서로가 성장하는 걸 느낄 수 있다. 나중에 정성 가득한 블로그 후기를 보면서 다시 한번 깨닫는다. 강사는 강의하는 사람이 아니라 사랑을 전하는 사람이구나. 강의를 통해 부족한 부분을 발견하고 더욱 노력해야겠구나 다짐하게 된다.

시간이 지나자 차츰 현장 강의가 많아졌다. 기차를 타고 여러 지역을 오갔다. 오송과 광주 등 평소에 갈 일이 없는 도시를 강의를 하며 다녔다. 수시로 기차를 예매하고 어쩌다 가는 기차역을 수시로 드나드는 기분은 새로웠다. 이전에는 가고 싶은 곳만 다녔다. 그런데 이제 자연스럽게 영역이 넓어졌다. 여행을 가듯 즐거운 마음으로 강연을 간다. 말하는 게 두려웠던 내 모습은 이제 찾아볼 수 없다. 누군가에게 내 이야기를 전달하는 기쁨이란 이런 거구나. 대중 앞에서 메시지를 전하고 함께 공감하는 그 행복이 일상에 스며들었다. 꾸준히 책을 읽고 글을 썼더니 그렇게 많은 것들로 채워졌다. 강연을 하면서 나를 더 돌아보게 되고 소통의 기쁨을 알게 되니 더욱 감사하다.

4장

읽고 쓰는
삶이어야 한다

책을 읽으면
뭐가 좋을까

독서 효과를 믿자.

김원배

  오십이 되면서 본격적으로 책을 읽기 시작했다. 오십 전에 읽은 책들은 취미로 읽거나 진로 수업을 준비하기 위해 읽은 책들이다. 2012년 진로교사가 되면서 진로와 미래 관련 책들을 읽으면서 진로교육 관련 자료를 만들었다. 학교 현장에 진로교육이 처음 실시되면서 관련 자료들을 많이 읽은 것이다. 독서를 본격적으로 읽기 전까지는 인생에 어떤 도움이 되겠는가? 라는 의심을 가졌기 때문에 그냥 심심할 때 시간 날 때 읽었던 것이다.

2016년에 2015개정교육과정 『진로와 직업』 교과서 집필에 참여하게 된다. 교과서를 집필하기 위해서는 관련 책을 읽어야 했다. 책을 읽고 성공한 사람들의 이야기를 만나면서 나도 해보고 싶다는 생각이 들었다. 뭔가 목표가 생기면 일단 도전해보는 것이 나의 강점이고 장점이다. 처음에는 편안하게 읽을 수 있는 자기계발서 위주로 읽기 시작했다. 매일매일 일정한 시간을 정해서 읽어야 효과를 볼 수 있다는 이야기에 새벽시간을 나의 책 읽기 시간으로 정했다. 무리하게 많이 읽기보다는 새벽 1시간 정도 읽는 것을 습관으로 만들어가기 시작한다. 책만 읽고 끝나는 것이 아니라 필사를 하고 서평을 작성하면서 글쓰기 공부도 병행하게 된다. 내 삶이 변하기 시작했고, 책을 출간해보고 싶다는 욕심이 생기기 시작했다. 목적을 가지고 책을 읽기 시작했는데 그게 제 성장과 맞아떨어진 것이다. 변화를 일으킨 힘은 매일 독서의 힘이었다.

나에게 가져다 준 독서의 효과들을 살펴보자.

첫 번째는 암기력과 집중력을 가져다줬다. 학창시절 친구들보다 서너 배 열심히 공부했는데 성적은 항상 중간 정도였다. 더 이상 상위권으로 치고 올라가지 못했다. 집중력과 암기력이 무척 약했기 때문에 공부한 만큼 성적을 얻지 못한 것이다. 20대 후반에는 자동차 필기시험에 두 번이나 떨어진 경우도 있다. 운전시험문제집을 구매하고 열심히 공부했지만 결과는 불합격이다. 주변 사람들로부터 엄청 비난을 받았다. 누구나 붙을 수 있는 것을 떨어진다고 생각하니 창피한 일이었다. 지금 생각해 보면 시험에 제대로 실력발휘를 하지 못한 것은 집중과 암기력 부족이었다. 꾸준하게 매일 독서하는 힘 덕분에 암기력과 집중력이 내 생애 처음으로 향상되고 있음을 느낀다. 깜박깜박 잊는 것도 사라지고 1시간 이상 집중해서 책도 읽고 읽은 내용이 기억도 나고 나이를 먹어도 암기력과 집중력을 키울 수 있다는 경험을 하게 된다. 청소년들이 성적이 고민이라고 상담을 하면 공부방법도 점검해야겠지만 일단은 책을 읽어보라고 추천한다. 책을 읽는 습관이 결국에는 암기력 집중력이 생기면서 성적과 연결되기 때문이다.

두 번째는 발표력이 향상된다. 나는 사람 많은 곳을 싫어한다. 친구들을 만나도 얘기를 들어주는 편이지 내가 주도적으로 이야기하지 않는 성향이다. 도서관이나 평생교육기관 또는 학교에서 강의를 하면서 말을 잘하지 못하고 내성적이라고 말하면 청중이 믿지 않는다. 내성적인 사람이 강의를 할 수 없다고 생각하기 때문이다. 그렇지만 지금도 나는 내성적이다. 내 생각을 발표하고 대중 앞에서 말하는 것이 두려웠던 나는 독서를 통해서 극복했다. 책을 읽으니 할 얘기들이 많아지고 일상생활과 연결이 된다. 최근 들어 사람 만나서 얘기하는 불안감이 조금 사라졌다. 성인이 되어서도 사람을 만나든지 모임이나 회의에서 생각을 제대로 표현하지 못한다면 책부터 읽어 볼 것을 추천한다. 책을 읽으면 변할 수 있다는 자신감을 가져야 한다.

세 번째는 나는 누구인가?라는 질문에 스스로 답을 찾을 수 있다. 30, 40대에는 퇴근 후에 일주일에 서너 번씩 술을 마시고 다녔다. 지금 생각해보면 정말 아무 생각 없이 40대를 보낸 것이다. 진로교사를 하면서 나의 꿈은 무엇인지 생각하게 되었다. '이렇게 술만 마시고 학교 일과 교육청 프로젝트에 참여하는 것이 나에게 무슨 도움이 될까?'라고 생각을 하면서, 나의 진로도 찾아보려는 계기가 된다. 사실 학교 일만 할 줄 알지 잘 하는 것이 없다. 집에서도 형광등만 교체하지 다른 것은 제대로 수리하지 못한다. 즐겁게 하는 일을 찾지 못하다가 책을 만나면서 나의 삶이 변하기 시작한 것이다. '나는 누구인가?'에 대해 끊임없이 생각하면서 책을 읽기 시작했다. 인문학, 철학, 자기계발서 등을 주로 읽었고 50이 되면서 술을 마시지 않게 됐다. 독서가 나의 정체성을 찾게 만들어줬던 것이다.

이 외에도 책을 읽으면 얻는 효과들은 많다. 정보와 지식을 획득하게 해주고, 성적을 올려주고, 수능 만점 학생들의 인터뷰 기사를 보면 고등학교 3학년까지 꾸준하게 독서의 힘이 컸다고 말한다. 독서는 경험도 확대시켜 준다. 수천 년 이어온 역사와 철학자들의 이야기들을 책 한 권 속에서 배울 수 있다. 책을 읽어야 하는 이유는 사람마다 다를 수는 있지만, 단 하나 여러분의 꿈을 만들어주고 여러분이 성장하는 데 돈 안 들이고 할 수 있는 방법 중 최고가 바로 책 읽는 습관이라는 것이다.

　꾸준한 독서력이 인생 2막을 준비하게 한다. 그리고 봉급 이외의 통장을 갖게 되는 계기가 된다. 학부모나 교사 대상 강의에서 항상 하는 말이 있다. "독서의 힘을 믿으세요." 나는 독서의 힘을 믿었기에 9권의 책을 쓸 수 있었다. 2018년 개인 책이 처음 나왔을 때 가족과 지인들은 "더 쓸 수 있겠어."라는 말을 했다. 그런데 매년 한 권씩 나의 책이 만들어지고 강의를 다니면서 봉급 이외의 수익을 올리고 있는 것이다. 책을 읽고 글을 쓰기 위해 꾸준하게 읽고 있다. 투자를 잘 해서 수익을 올리고 싶은 분들은 투자 관련 책을 읽으면서 투자 정보도 얻고 올바른 투자를 통해 수익을 올릴 수 있을 것이다. 목적을 가지고 책을 읽으면 누구나 한 분야에서 전문가로 성장하게 된다. 요즘 나는 청소년소설 집필에 도전하기 위해 책을 읽고 도전 중이다.

　첫째 아들에게 "독서가 삶에 어떤 영향을 미쳤니?"라고 물었더니 "다른 사람을 이해하는 계기가 됐어요."라고 말한다. 첫째 아이는 독서광이고 독서로 성장했다. 까칠했던 성격이 책을 읽으면서 포용력도 생기고 상대방의 감정도 이해하게 되었다는 말이다. 독서로 성공한 유명한 분들의 이야기가 아니다. 우리와 같은 사람들의 이야기인 것이다. 친구들은 항상 나에게 말한다. "봉급도 나오는데 왜 그렇게 힘들게 살아." 그런데 나는 새벽 3시에 일어나서 책을 읽고 글을 쓸 때가 가장 행복하다고 말한다. 독서가 성장하고 있다는 것을 느끼게 해주기 때문이다. 능력, 취미, 흥미 있는 것이 아무것도 없던 내가 독서 하나로 이렇게 진로교육의 전문가로 또는 책을 출간한 진로작가로 성장하고 있는 것이다.

"책을 100권 정도 읽자 마음이 안정됨을 느꼈고, 300권쯤 읽은 뒤에는 누군가를 미워하고 원망하는 마음이 사라졌으며, 500권을 읽고 부터는 새로운 세계에 대한 호기심이 차올랐다. 결정적 변화는 800권 독서를 기점으로 찾아왔다. 800권의 책을 읽자 작가가 되어 책을 내고 싶다는 생각이 들었다."『1천 권 독서법』저자인 전안나 작가는 책의 머리말에서 책을 읽은 후 변화되는 모습을 말하고 있다. 작가는 800권을 읽은 후에 독서의 참맛을 느끼고 삶의 변화를 가져왔다고 말한다. 즉 임계점을 돌파했다는 얘기다.

얼마나 읽어야 임계점 즉 삶의 한계를 넘어서 변화를 가져올 수 있을까?

얼마나 집중해서 양서를 읽고 일상생활에 적용하느냐에 따라 그 임계점은 다르게 나타날 수 있고, 사람마다 다르게 나타날 수도 있다. 임계점이라는 말을 했는데, 임계점은 물질의 구조와 성질이 다른 상태로 바뀔 때의 온도와 압력을 말한다. 독서를 꾸준히 하면 완전히 다른 사람으로 변할 수 있다는 이야기다. 글을 쓰지 못했던 내가 매일 독서로 9권의 책을 출간한 것처럼 완전히 다른 사람으로 변하는 것을 임계점을 돌파했다고 말하는 것이다.

인생을 걸 만한 목표와 기어코 이루고 싶은 꿈이 있는가? 인생 2막을 준비하고자 한다면 책부터 읽어봐야 한다. 읽고, 쓰고 생각하고 실천하면서 자신만의 콘텐츠를 만드는 것이다. 책을 읽어도 효과를 보지 못하는 이유는 책을 읽고 2차적인 활동을 하지 않았기 때문이다. 누구나가 효과적인 책 읽기를 할 수 있다.

믿고 상상하는대로 세상은 만들어진다. 남이 만들어놓은 세상 속에서 살기보다는 자신이 만든 세상 속에서 미래의 주인공이 되어야 한다. 퇴직 후 인생 2막 준비를 어떻게 하고 싶은지 모르겠다면 매일매일 책을 읽는 습관부터 가져야 한다. 자신 있게 말할 수 있는 것은 나와 나의 아들이 경험했기 때문이다.

책을 통해 얻는 게 이렇게도 많다.   장은주

'책만 읽는 바보'라는 말이 있다. 책을 많이 읽어서 현실 감각이 떨어지는 사람을 일컫는다. 책을 읽는다고 바보가 될까. 책만 읽으면 지식은 쌓여도 현실적으로 도움 되는 게 많지 않고 딱히 경제 여건이 달라지지도 않는다. 그런 사람들을 꼬집어 하는 말로 사용되었다. 그런데 요즘은 시대가 달라졌다. SNS에는 내가 가진 지식으로 수익화하고 브랜딩하는 사람이 넘쳐난다. 책을 읽고 인생이 변화되었다는 사람의 이야기를 흔히 볼 수 있다. 특히 코로나 이후 자신의 성공 경험을 나누기 위해 전자책을 쓰거나 책을 내는 경우가 많아졌다. 경제적 자유를 누리고 싶은 이들 사이에서 경제 서적, 재테크는 인기 있는 분야다. 어떻게 해서 수익을 올리게 되었는지 풀어쓴 책은 금방 베스트셀러가 되기도 한다. 그야말로 책을 읽고 책을 쓰는 시대다. 더구나 강의를 하는데 저서가 있다는 건 어떤 학위보다 더 강력하다. 그렇게 책은 퍼스널 브랜딩에 있어 확실한 수단이 되었다.

마흔을 눈앞에 두고 고민이 많아졌다. 이렇게 살면 안 되겠다 싶어 더욱 치열하게 책을 읽었다. 단순 취미로 읽었다면 살기 위해 생존독서를 하기 시작한 것이다. 일명 빡세게 읽는 빡독을 했다. '느리게 천천히 읽어서 언제 삶이 달라지겠나?' 하는 생각이 들었기 때문이다. 많이 읽어서 흔히 말하는 임계점을 넘어 보고 싶었다. 소설보다 자기계발서 위주로 보면서 성공한 사람들의 습관들을 따라했다. 새벽 기상, 아침 확언, 운동, 글쓰기 등 좋은 것들을 하나씩 내 것으로 만들기 위해 일일 체크표를 만들어가면서 매일 하나씩 성취의 흔적들을 남겼다. 그랬더니 조금씩 변화가 생겼다, 생활이 달라지면서 더욱 책을 열심히 읽어나갔다.

마흔이 될 무렵, 그해를 스스로 '책 읽는 해'로 정했다. 새벽 5시부터 한 시간은 무조건 독서를 했고 하루도 빠짐없이 책을 읽었다. 연말에 체크한 기록을 보니 한 해 동안 단 하루도 거르지 않았다. '이래서 책을 읽는구나.' 놀랍게도 생활의 많은 부분이 이전과는 달라져 있었다.

독서의 효과를 말하자면 끝이 없다. 간단하게 몇 가지만 살펴보면 먼저 기억력을 들 수 있겠다. 책 읽는 행위는 뇌를 가동시킨다. 뇌의 여러 기능이 동시에 사용되면서 활기차고 유익한 운동이 된다. 뇌는 쓸수록 강해지는 근육이다. 우리 몸처럼 쓰지 않으면 점점 나빠지고 둔해진다. 그런데 살면서 뇌 근육을 단련할 일이 별로 없다. 요즘은 생활 속에서 특별히 외우거나 기억하려고 애쓰지 않는다. 편해진 생활 습관 때문에 기억력이 점점 더 떨어지고 있다. 나이가 더 들고 힘들어지기 전에 책을 읽이야 한다.

처음 책을 읽으면 내용을 파악하기가 힘이 든다. 그럴 때 '독서백편의 자현'이라는 말을 기억하자. '내용을 모르더라도 무조건 반복해서 읽다 보면 그 뜻을 스스로 깨닫는다'는 뜻이다. 모르는 것도 자꾸 보면 그 의미를 알게 되고 자연스레 기억하게 된다. 사람을 처음 만났을 때 어색하지만 자꾸 보면 익숙해지듯 기억력도 마찬가지다.

독서는 어떤 활동과도 비교할 수 없는 정신운동이다. 책을 읽으면 생각하는 힘이 길러져 뇌 운동이 활발해진다. 뇌운동이 많이 되어 지능이 높은 수준으로 올라간다. 나이가 들수록 기억력이 현저하게 떨어진다. 하지만 책을 통해 궁금한 걸 찾아보고 익히는 사람은 기억력이 그나마 낫다. 책을 읽으면서 자꾸 생각하다 보면 마음에 새겨지지도 하고 기억에 도움이 된다. 책을 읽으면서 점점 더 뇌가 활성화되기 때문이다. 뇌가 훈련을 통해 단련이 되면 기억이 좋아질 수밖에 없다.

둘째, 집중력이 생긴다. 어떤 일에서 자신의 수준 그 이상을 드러내는 사람과 그렇지 못한 사람의 차이가 뭘까. 대부분 집중력에 있다. 집중할 때 놀라운 성과가 나온다. 힌두교 사제이자 기업인인 단다파니는 이런 말을 했다. "인간의 성공과 노력의 핵심에는 모두 집중력이 있다. 집중하지 못하면 아무것도 보여줄 수 없다." 이렇듯 목표를 성취하고자 할 때 집중이 결정적인 요인이다. 그런데 우리는 집중력을 배운 적이 없다. 책을 읽으려면 일정 시간을 앉아 있어야 한다. 그런데 앉아 있어도 집중하는 데는 한계가 있다. 책에 온전히 빠져들기는 더 어렵다. 요즘 유행하는 짧은 영상에 익숙한 사람들에게 책 한권은 넘기 힘든 산과 같다. 몇 장을 넘기고 나면 다른 용도로 쓰고 싶어질 것이다. 잠깐은 읽어도 오래 앉아 있기가 힘들다.

'집중력 훈련 학교'가 있으면 좋겠다는 생각도 해본다. 아이들에게 "집중하자, 정신차리자."라는 말을 자주 하기 때문이다. 일상은 집중하지 못하는 아이들을 다그치기에 바쁘다. '집중하자.' 이렇게 외친다고 갑자기 집중력이 생기는 게 아니다. 재미있는 영상도 많고 볼거리는 넘쳐난다. 관심이 가는 일에는 시간 가는 줄 모르고 빠져 있으면서도 정작 필요할 때는 앉아 있기가 어렵다. 그만큼 집중하기 힘든 시대를 살고 있다. 집중력은 운동을 하면 할수록 강해지는 운동과 같다. 집중력이 생기도록 배우고 훈련해야 한다. 흩어지는 마음을 의식적으로 모아야 한다. 애써 노력해야 비로소 자기 것이 된다. 책이나 신문처럼 텍스트를 읽는 행위는 집중력 훈련에 도움이 된다. 이는 인터넷 검색을 하거나 유튜브를 시청할 때와는 다르다. 집중하지 않으면 내용을 이해할 수가 없기 때문에 더욱 마음을 기울이게 된다.

책을 읽으면서 집중력이 많이 생겼다. 독서할 때는 주로 옆에 타이머를 맞춰두고 읽는다. 타이머가 종료되기 전에 어디까지 읽겠다고 정해두면 몰입도가 올라간다. 책에만 빠져 있기 때문에 다른 생각이 들지 않는다. 시간이 어떻게 가는지 모를 때가 많다. 가끔은 내용이 흥미로워서 다음 장으로 넘어가고 싶을 때도 있다. 좋아하는 책에 빠져 있으면 몰라보게 집중력이 생긴다. 여유가 없어서 책을 덮어야 하는 순간이 못내 아쉽다.

셋째, 독서는 어휘력과 이해력을 향상시킨다. 독서를 많이 할수록 폭넓은 언어와 다양한 상황 속에 노출된다. 경험하지 못했던 것들을 읽으며 언어 세계가 더욱 넓어진다. 책이 아니면 어떻게 다양한 언어들을 만날 수 있을까. 생활 속에서 평소 쓰지 않는 말들이 책 속에는 많다. 그 내용을 흡수해서 내 것으로 만들면 필요한 순간에 자연스럽게 나온다. 자주 구사하는 말을 보면 그 사람을 알 수가 있다. 책을 읽으면 말을 할 때도 어휘를 생각해서 쓴다. 그렇지 않으면 늘 쓰는 말만 하게 된다. 좋은 어휘를 선택하고 말하는 것이 삶에 스며든다. 그렇게 살아야 하지 않겠는가. 어휘를 생각해서 말하고 경청과 배려가 익숙해지면 타인에 대한 공감력도 생겨난다. 공감과 함께 상대에 대한 이해력도 향상된다. 그렇게 좁은 시야가 넓어지는 걸 느끼면 어떤 상황도 자연스럽게 받아들여진다. 상황이 내 뜻대로 흘러가지 않더라도 괜찮다.

책을 읽으면 나와 주변이 달라진다. 세상을 바꿀 수는 없어도 내가 있는 곳이 달라지는 효과는 분명하다. 무엇보다 가장 큰 효과는 내 삶이 달라진다는 것이다. 기억력과 집중력이 좋아지고 어휘와 이해력이 생기면 일상이 조금은 나아진다. 그렇게 조금씩 나아가는 데서 삶의 보람을 느낀다. 나아가 세상을 바라보는 시각이 바뀌고 오늘 한걸음 더 성장하는 효과도 따라온다. 독서의 효과는 지금 당장에는 작아 보인다. 하지만 시간이 쌓였을 때 엄청난 위력으로 다가온다. '이래서 책을 읽는구나.' 그때 비로소 알게 된다.

독서와 글쓰기가
필요한 이유

글쓰기 하고 싶다면 독서부터 하라.

김원배

2012년 진로진학상담교사 부전공 연수를 받고 진로교사로 발령 받았다. 연수가 끝나갈 무렵 지하 강연장에서 1층으로 올라오는 엘리베이터 안에서 사립중학교 대표가 나에게 "선생님 이번 중학교진로진학상담교사 직무매뉴얼 집필에 참여해보실래요."라고 말을 하는 것이다. 글이라는 것을 한 번도 써 본적이 없었기에 망설였지만 해보겠다고 바로 답변을 했다. 거절하지 않고 해보겠다는 도전이 직무 매뉴얼 뿐만 아니라 교육청 교육부 진로 관련 자료 제작에 참여하는 계기가 됐다. 그 선생님의 제안을 내가 거절했다면 지금처럼 책을 9권까지 출간하지 못했을지도 모른다.

진로교사를 하면서 주변에서 책을 출간하고 북콘서트 하는 샘들을 보면서 나도 진로 분야 책을 출간하고 싶다는 생각은 가지게 되었다. 제 생각을 어떻게 글로 표현해야 될 것인지가 항상 고민이었다. 글쓰기 공부하기 위해 여기저기 검색도 해보고 책도 읽어봤지만 딱히 도움이 될 만한 것이 없었다. 내 강점은 무엇인지, 내가 도전할 것은 무엇인지, 나는 왜 회의에서 말 한마디 못 하는지 등등 많은 생각을 하게 됐다.

2021년부터는 나와 같이 글쓰기 공부할 분들을 모아서 같이 글을 쓰고 피드백도 주고 공저도 출간하게 됐다. 〈진로작가와 함께 맛있는 글쓰기〉라는 주제로 인터넷에서 글쓰기 모임을 운영하면서 책을 쓰고 싶은 분들을 모집하고 2022년 드디어 『4050 인생 리모델링』이라는 책을 발간하게 된다. 공저를 발간하게 된 계기는 독서의 힘이다. 꾸준하게 함께 읽은 독서력이 공저까지 발간하는 영광을 얻게 된 것이다.

책을 출간할 수 있었던 힘은 매일 새벽 책 읽기와 꾸준한 글쓰기 덕분이다. 지금도 아내는 글을 쓰고 있는 나를 보면서 신기해한다. 1980년대 후반 군복무중 아내에게 편지를 써보고 글을 쓰는 것은 처음이다. 목표를 가지고 글을 쓰다 보면 자신의 삶의 방향성을 얻을 수 있다. 책을 출간하면서 지식창업가로 성장하기도 하고 수익을 만들어내는 자신만의 콘텐츠를 만들어 내기도 한다.

내가 항상 주변 분들에게 하는 말이 있다. '읽고, 쓰고, 생각하고, 표현하라.' 글쓰기와 독서는 밥 먹듯이 생활화 하는 습관을 만들어야 한나. 신로교사를 하면서 꾸준하게 책을 읽었다. 책을 읽다 보니 저도 책을 출간해보고 싶다는 욕망이 스물스물 떠오르고 그 생각들을 2017년 실행에 옮기게 된다.

논리적인 글쓰기의 첫걸음은 테스트를 요약하는 능력이다. 텍스트를 요약하려면 독해력이 있어야 한다. 독해력을 키우는 가장 좋은 방법은 책을 많이 읽는 것이라고 할 수 있다. 공부를 잘하는 학생들이 공부를 잘하는 곳도 독해력이 뛰어나기 때문이고 꾸준하게 책을 읽은 덕분이다. 많이 읽지 않으면 글을 쓸 수 없다. 많이 읽을수록 글도 잘 써지고 자신의 삶을 글로 표현할 수 있다.

많이 읽기만 하면 작가가 될까? 절대 아니다. 많이 읽는다고 작가가 되지는 않는다. 그러면 어떻게 해야 할까? 책 속의 내용들을 실천하고 경험하고 문장의 의미를 생각하는 과정에서 자신만의 콘텐츠를 만들어내야 한다. 즉 읽고 자신의 삶 속에서 얻은 경험과 가치를 녹여서 표현할 줄 알아야 한다는 얘기다. 삶의 이야기를 표현하길 꺼리는 사람은 책을 쓸 수 없다. 자신의 이야기 자신이 평생 해온 업무 관련 것들을 잘 버무려서 글로 표현할 줄 알아야 한다.

많이 읽지 않고는 독자를 감동시킬 수 있는 글을 쓸 수 없다. 글을 잘 쓰고 싶다면 독서광이 되어야 한다. 책을 읽지 않고 타고난 재능만으로 글을 잘 쓰는 사람은 없다. 독서와 글쓰기는 항상 같이 움직인다. 매일 독서하고 글 쓰고 저녁에는 일기 쓰면서 필력을 담금질하고 있다. 책을 많이 읽고 그 책 내용 속에서 자신의 삶을 연결시켜 보자. 그리고 적으면 누구나 작가가 될 수 있다.

어휘와 문장력, 지식과 정보, 표현능력, 자료 독해능력, 창의 능력은 한 권의 책 속에서 얻을 수 있는 것들이다. 책을 그냥 취미로 읽기보다는 내 삶에 자양분이 되어 성장하게 된다는 목표를 가지고 읽어야 한다. 그렇게 읽게 되면 책을 대하는 태도가 바뀔 것이고 책을 써야겠다는 욕망이 일어날 것이다.

읽고 쓰는 삶이 주는 풍요로움　　　　　　장은주

아침에 눈을 뜨면 해야 할 일이 어김없이 주어진다. 특별한 일이 없는 한 어제와 같은 하루가 반복된다. 그 많은 일도 부지런히 하면 어느 정도 마무리될 것 같다. 그런데 저녁까지 분주하게 움직여도 일은 줄어들지 않는다. 왜 일은 해도 끝이 나지 않는 걸까. 일만 하다가 끝날 것처럼 정신없이 하루가 흘러간다. 집 밖에서든 안에서든 일은 언제나 넘쳐나고 저녁이 되면 피곤함과 아쉬움이 쌓여간다. 그렇게 정신없는 나날일지라도 꼭 챙기고 싶은 게 있었다. 바로 책 읽기였다. 독서만큼은 생활의 중심에 두고 싶었다. 책을 들고 있으면 현실에서 잠시 벗어나 다른 세상에 있는 듯 느껴진다. 내가 발 딛고 있는 이곳, 당장 현실이 바뀌지는 않아도 마음은 한결 여유롭다. 바람이 살랑살랑 불어오는 곳에서 오롯이 책과 데이트하는 그 평온함이 좋았다. 모닝 커피 한잔에 조용히 책 읽는 아침은 상상만 해도 흐뭇하다.

사람들마다 책을 읽는 이유는 다양하다. 책을 읽을 이유도 읽지 않을 이유도 많다. 어떻게 살지 답을 찾기 위해 책을 들었고 독서를 통해 삶이 변화되기를 원했다. 무엇보다 소중한 오늘이 그저 흘러가지 않기를 바라는 마음으로 책을 읽었다. 그런데 읽기만 해서는 변화가 일어나지 않았다. 주변에서 책은 읽어도 말과 행동이 그대로인 사람을 종종 본다. 왜 읽어도 똑같을까. 그들은 변화를 위해 실천하지 않았기 때문에 달라지는 게 없었다. 성장하고 싶다면 무엇보다 삶에 적용하고 하나라도 실천하는 것이 중요하다. 책을 읽고 적극 활용하고 실행하기 위해 노력하는 자세를 가져야 한다.

읽는 즐거움으로 매일 성장하는 삶을 살고 싶었다. 그러기 위해서 우선 무엇부터 실천할지 생각해 봤다. 책을 읽고 삶에 어떻게 적용할까. 할 수 있는 게 많지 않았다. 오히려 선택지가 많지 않은 게 다행이었다. 독서하는 것도 시간이 걸리고 힘든데 할 게 많으면 부담감에 시작도 못할 게 뻔하다. 어떤 걸 해나갈 때 다소 어려운 행동일지라도 쪼개고 쪼개서 접근하기 쉬워야 한다. 쉬운 행동은 성취감과 자신감을 가지게 해준다. 그런 경험이 많이 쌓이면 변화가 일어난다. 누구나 결심하고 노력은 할 수 있다. 그러나 꾸준히 하는 게 제일 어렵다. 단순하게 시작해야 지속해 나갈 수 있다. 좋은 책을 읽다 보면 해야 할 것들이 너무 많다. 그럴 경우 아무것도 할 수가 없다. 좋은 내용을 읽었어도 삶에 적용하기가 힘들다면 무슨 소용인가. 한 권의 책을 읽고 실행할 것 하나만 찾아본다.

사소한 행동을 하나 해놓으면 시작하는 게 더 편하다. 책을 읽고 해야 하는 행동이 글쓰기면 노트를 준비하는 게 좋다. 그렇게 시작하고 나면 그걸 채워서 하려는 심리가 있다. 일단 먼저 시작하는 게 중요하다. 잘하려는 노력보다 먼저 행동으로 옮겨야 한다. 그러면 나중에 어떻게든 추진력이 생긴다.

'책을 읽고 조금이라도 써야겠구나.' 쓰는 사람이 되기로 결심하고 노트를 마련했다. 부지런히 읽고 매일 조금이라도 글을 써보겠다는 간절한 마음으로 노트 앞에 '읽고 기록하는 삶'이라 적었다. 그때는 작가가 되는 일이 까마득하게만 보였다. 작가는 특별한 글재주가 있고 문장력이 뛰어난 사람이라는 생각이 강했다. 요즘은 글쓰기 강의도 많고 어디서나 쉽게 정보를 얻을 수 있다. 글 쓰는 모임도 많아서 편하게 글쓰기에 접근할 수 있다. 쓰는 방법도 넘쳐난다. 단지 의지의 문제일 뿐이다.

어떻게 하면 글을 쓸 수 있을까. 조언을 구할 사람도 없었고 방법도 몰랐다. 그래서 매일 무거운 가방에 책을 담아 카페로 갔다. 글을 쓰기 위한 나만의 훈련으로 생각하고 독서노트를 써나갔다. 카페에서 커피를 연료삼아 엉덩이를 의자에 붙이고 쓰는 연습을 했다. 사람들 말소리가 들려도 쓰는 일에 집중했고 시끄러운 음악 속에서도 묵묵히 앉아서 써나갔다. 일정 시간만 되면 어김없이 나타나 거의 같은 자리에 앉아 뭔가를 쓰고 있으니 알아보는 직원들도 생겼다. 가끔은 와서 인사도 하고 음료를 챙겨주는 사람도 있었다. 쓰는 사람이 되기 위해 그렇게 카페를 집처럼 드나들었다.

책을 옆에 두고 있으면 혼자가 아니었다. 책 속의 저자와 계속 대화를 이어나갔다. 책을 읽다 보면 질문이 떠오르거나 아이디어가 스쳐갈 때가 많다. 그 생각들을 지나가도록 두지 말고 붙잡아서 써 둔다. 생각이 달아나기 전에 얼른 적어야 한다. 좋은 문장들을 적고 거기에 생각을 덧붙인다. 그러면 사유가 더 풍부해져 표현력도 좋아진다. 노트에 쓰기도 하고 책에 적기도 한다. 책에 쓰는 게 싫으면 가끔 포스트잇을 붙이기도 한다. 다 읽고 나서 그 부분을 다시 보거나 필사한다. 마음에 와닿은 문구나 실행할 것들, 그때 떠오르는 생각들을 기록한다. 그렇게 노트에 필사하다 보니 쓰는 능력이 길러졌다. 그런 시간들이 쌓이고 적응이 되니 글 쓰는 일이 삶에 일부가 되어 어디서나 앉아서 쓰게 된다. 그렇게 노트에 마음을 담아 쓰면서 작가가 되었다.

책을 읽고 글로 표현하는 능력은 중요하다. 부단히 노력하지 않으면 안 된다. 아무리 적응이 되어도 지난한 자신의 삶을 글로 풀어내는 건 어렵다. 책은 읽어도 쓴다는 행위 자체는 마음만큼 잘 안 될 때가 많다. 어떤 걸 써야 할지 난감한 순간도 있다. 그럴수록 더 용기를 가지고 한 줄이라도 써야 한다. 대부분은 '사는 게 좀 편해지면 글을 써야지.' 하고 미룬다. 그런데 정작 편해지면 과연 글이 써질까 싶다. 마음이 편하면 더 좋은길 찾게 되지 않을까. 글이라는 건 고난 속에 있을 때 오히려 더 써지는 것 같다. 삶이 불행하게 느껴지고 매 순간이 힘들 때가 글쓰기 좋은 시간이다. 글을 붙잡고 어떻게든 써내려간 덕분에 견딜 힘도 생기는 것이다. 그렇게 나오는 글이 더욱 따뜻한 희망의 메시지로 다가오기도 한다. 어떤 순간에든 글을 쓰면 삶이 이전보다 더 풍요로워진다. 그러니 애써 쓰는 삶을 살아야 한다.

글쓰기는
태도가 중요하다

'안 된다'보다 '안 될까'라고 생각하자.

김원배

9권의 책을 출간하고 깨달은 것이 있다. 글을 쓰는 과정에서 태도가 중요하다는 것을 깨닫게 되었다. 30대 중반에 내 인생은 내가 스스로 개척해야 한다는 좌우명을 가지고 살아왔다. 2012년 진로교육이 도입되면서 46세에 진로진학 상담교사로 과목을 변경하면서 삶에 변화를 주기 시작했다. 진로교사를 하다 보니 책을 쓰고 싶어졌고 그래서 책쓰기 위한 공부를 시작하게 되었다.

『기획자의 생각』이라는 책에 이런 글이 있다. '성과를 내는 사람들은 미래의 결과를 계산하기보다는 현재 자신의 행동에 훨씬 큰 가치를 둔다.' 라는 글이 있다. 지금 내가 어떻게 행동하느냐가 내 미래를 만들어간다. '내가 글을 쓸 수 있겠어.'라는 부정적인 생각이 아니라 '지금부터 글쓰기 공부를 해볼까?'라는 긍정적인 생각을 가진 사람이 책을 만들어낸다. 퇴직 후 인생 2막을 설계하기 위해 지금 어떤 행동을 하고 계신가요? 퇴직 해서 고민해보겠다고 생각하는가? 아니면 지금부터 준비를 하고 있는 가? 글을 쓰겠다고 생각했다면 지금 당장 한 줄이라도 작성해야 한다.

글이라는 것이 쉽게 떠오르지를 않는다. 글을 쓰겠다고 앉아 있는다고 해서 글이 써지지를 않는다. 매일 글을 쓰기 위해 1일 1포 해야겠다고 계 획을 세우고 실행이다. 어떤 때는 어떤 글을 써야 할지 고민일 때도 있 다. 생각이 떠오르지 않을 때는 필사한 노트를 펼쳐 본다. 노트 속에서 글의 주제를 찾아보는 것이다. 서가에 정리된 책을 꺼내서 보든, 아니면 필사노트, 일기장을 펼쳐 보면서 글의 소재들을 찾는다. 간절하면 더 많 은 것들이 보이는 것 같다.

『기획자의 생각』이라는 책에는 또 이런 글이 있습니다. '안 된다.'고 단 정하면 인생에 머물고, '안 될까?'라고 질문하면 인생이 바뀐다. 규칙과 습관으로 살아가는 사람에게 극복되지 않는 두려움은 없다고 한다. '내 가 책을 쓸 수 있겠어.'라는 생각을 가지면 평생 책을 쓸 수가 없다. 그런데 '나도 책을 써볼까?'라고 생각하는 순간 책 쓰는 작가로 변하게 되는 것이다. 그만큼 마음가짐이 중요하다. 반신반의하면서 도전하지 말고 할 수 있다. 해볼까 하고 스스로에게 질문하면서 인생을 바꿔봐야겠다는 의지가 있어야 한다. 누구나 책을 쓸 수 있다. 평생 글이라는 것을 써보지 않았던 내가 9권의 책을 출간하고 올해는 4권이 출판사에서 편집 중인 글을 집필하는 작가가 될 수 있듯이 누구나가 충분히 책을 출간하고 1인 지식창업가가 될 수 있다. '안 된다'가 아니라 '안 될까?'로 생각을 바꿔보면 생각이 변한다.

나는 글을 쓰려고 부단히 노력을 많이 했다. 청소년 진로잡지에 원고를 써보기도 했고, 한국독서교육신문에 매주 칼럼을 쓰기도 했다. 이런 글쓰기 훈련들이 필력을 향상시켜줬다. 이런 활동들이 작가로 출발하게 되는 계기가 됐다.

책을 써보고 싶다면 마음의 태도가 중요하다. 찾고, 정리하고, 배우고, 반복하라. 책을 쓴다는 것은 재능이 문제가 아니라 성실한 태도에서 시작한다. 매일매일 성실하게 긍정적인 마음가짐으로 도전하면서 책 쓸 기회, 글을 쓸 기회, 작가가 되기 위한 기회들을 탐색하자. 요즘 책쓰기, 글쓰기 온라인 모임들이 많이 생기고 있다. 이런 모임에도 참여하면서 평소이 생각들을 글로 표현해보고 다른 사람들과 공유해보는 것도 하나의 방법이 될 수 있다. 점차 필력이 향상되면서 작가의 길로 들어서게 된다. 글쓰기는 삶의 에너지를 채워주는 것 같다. '안 된다, 나까지 할 필요가 있을까?'라는 생각을 하지 말고 '안 될까? 나도 해볼까?'라는 태도로 뇌를 자극해보자. 매일 아침 대학 노트에 한 편의 글을 쓰면서 뇌를 자극하는 활동을 꾸준히 하고 있다. '글 쓰는 것이 뭐 별거 아니고만.'이라는 생각이 들 때까지 나는 꾸준히 평생 글쟁이로 살아갈 것이다. 누구나 할 수 있는 일들이다. 지금 도전해보자.

꾸준함으로 나만의 속도에 충실할 것
장은주

　내가 좋아하는 걸 잘하려면 어떻게 해야 할까. 무엇이든 오래하면 실력이 쌓인다. 운동도 할수록 단련이 되고 공부도 마찬가지다. 처음에는 모르는 것이 많지만 계속 보면 익숙해진다. 시간을 투자한 만큼 내 것이 되고 처음보다는 잘하게 된다. 글쓰기도 처음에는 그냥 재미로 쓰다가 차츰 잘 쓰고 싶은 마음이 든다.

　글이 마음처럼 편하게 써지면 얼마나 좋을까. 많이 쓰면 조금은 쉬워질 것 같은데 여전히 힘들다. 상황과 대상에 따라 글쓰기가 달라지기 때문에 그렇다. 혼자 쓰는 일기는 대상이 없기에 편하지만 메시지를 전달하기 위한 글은 신경이 쓰인다. '이 표현이 나을까, 이 부분은 좀 아닌 것 같아.' 더 잘 쓰고 싶은 마음에 부담이 더해지면 매끄럽게 써지질 않는다. 그럴 때마다 글쓰기의 태도에 대해 생각한다. 글을 쓰려는 의도가 무엇인가. 이 글을 통해 나는 무엇을 전달할 것인지 고민해본다. 태도를 분명하게 해야 그 다음부터 편하게 마음을 전달할 수가 있다.

　무슨 일을 할 때 태도가 중요하다. 어쩌면 태도가 전부일지도 모른다. 생활 속 대회에서 많이 느끼고 산다. 중학생인 아들이 시험결과를 가지고 와서 말을 건넸다. "엄마, 이번 시험성적이 나왔어요." 들어보니 성적이 지난번과 비슷했다. "그래, 시험 치느라 고생했다. 이제 올라갈 일만 남았네." 그렇게 딱 한마디만 전했다. 순간 혼나겠구나 싶어서 소심하게 말을 하던 아들의 얼굴이 갑자기 환해졌다. 전하고 싶은 말은 많았지만 그게 다 무슨 소용인가 싶어서 말을 바꾼 것이다. 그랬더니 "다음엔 너 열심히 할게요." 하는 말이 돌아왔다. 어차피 반복되는 말은 뻔하고 귀에 들리지도 않을 테니까. 많은 말이 의미 없다는 걸 이제는 경험으로 안다. 어떤 말을 해주는가에 따라 받아들이는 태도가 다를 것이다.

사실 평소 생활하는 걸 보면 결과는 짐작할 수 있다. 학교에 지각하는 습관, 귀가해서 하는 것들, 눈빛만 봐도 어느 정도 보인다. 대부분의 시간을 어떻게 보내는지를 보면 결과는 예상이 된다. 일상을 만들어가는 모든 행동들과 태도가 결과를 말해주기 때문이다. 좋은 결과는 좋은 태도에서 나온다. 지금 이 순간을 마주하는 태도가 의미 있는 삶으로 만들어준다. 학교나 직장, 인간관계 등 모든 사회생활은 결국 태도에 의해 좌우된다고 할 수 있다.

글쓰는 사람은 어떤 태도로 살아야 할까. 어떤 날에는 글이 술술 써질 때가 있다. '이야, 이렇게 금방 쓰다니. 이런 속도면 목표한 원고를 생각보다 빨리 마무리할 수 있겠네.' 하얀 모니터가 글자로 빽빽해진 걸 보면서 흐뭇한 미소를 짓기도 한다. 그러다 가끔은 무얼 어떻게 써야 할지 답답해지는 순간이 온다. 부지런히 달리다가 길을 잃은 듯 꽉 막힌 느낌이다. 자꾸 달리고만 싶은데 멍하니 있으면 마음이 조급해진다. '이러다가 여기 계속 서있는 건 아닐까.' 그런 불안감도 스며든다. 그때 어느 작가의 출간 소식을 들으면 알 수 없는 감정도 든다. '그들도 나처럼 똑같이 바쁘다. 분주한 일상을 살아내면서도 글을 쓰고 책을 내는데 지금 나는 뭐하고 있는지.' 축하를 해주면서도 그런 생각이 들어 괜히 마음이 이상하다.

글이 잘 안 써지면 영감이 올 때까지 기다려야 하나. 영감이 오는 순간을 기다려서 언제 글을 쓸까 하는 조급함이 올라온다. 마음을 다스리지 못하고 굳이 쓰겠다고 책상에 앉는다. 충전하면서 쉬면 좋을 텐데 꾸역꾸역 자리를 지킨다. 자리에 앉아 있다고 글이 써질까. 진도는 안 나가는데 그렇다고 밖에 나가 마음 편히 다니지도 못한다. 누르면 뚝딱 나오는 자판기처럼 글감도 글도 그렇게 툭하고 떨어지면 얼마나 좋을까. 그런 엉뚱한 상상도 해본다. 이제는 AI의 도움으로 더욱 글을 편하게 쓰기도 한다. 하지만 내 것이 아니라서 그런지 때론 어색하다. 소화하고 다듬는데 시간이 더 걸린다. 그런 시간이 반복되면서 얻은 결론이 있다. 바로 나만의 속도에 충실해야 한다는 단순한 깨달음이다.

고속이 시대에 빠르다고 다 좋은 거 아니다. 글은 더욱 그렇다. 사람들마다 그들만의 글 쓰는 속도가 있다. 글 쓰는 방식도 속도도 다 다르다. 그렇기 때문에 나만의 속도를 무시하면 여러 가지로 힘들다. 단번에 만족하는 글이 나오기는 어렵다. 빨리 쓰고 싶어도 자신만의 속도 안에서 생각을 하나씩 담아내는 과정이 필요하다. 그런 과정이 없으면 진심이 드러나지 않는다. 무엇보다 글에는 진정성이 담겨 있어야 한다. 진정성을 담아 하고픈 말을 전하기 위해 글을 쓴다. 진정성이 없으면 아무 의미가 없다. 읽는 사람의 마음을 움직이지 못하고 감동이 느껴지지 않는다. 혼자 좋아하고 만족하는 글이 무슨 소용인가. 글을 쓰는 이유가 무엇인지 늘 생각하며 써야 한다. 한 사람이라도 내가 쓴 글에서 의미를 발견하고 도움이 된다면 좋겠다. 그러기 위해서는 잘 살아야 한다. 잘 살아야 좋은 글이 나온다. 글보다 내 삶이 먼저다. 삶이 엉망이면 감동을 주는 글을 쓸 수가 없다. 삶이 고스란히 글 속에 드러나기 때문이다.

무엇보다 글은 누구와 비교해서 쓰는 게 아니다. 천천히 가더라도 꾸준히 쓰는 게 최고다. 그래서 글쓰기에서는 나만의 속도가 중요하다. 나만의 속도에 충실하며 그 속도를 지키기 위해 오늘도 묵묵히 글을 읽고 몇 자라도 쓰기 위해 노력한다. 그래야 행복하게 글을 쓸 수 있으니까. 그것만이 글 쓰는 사람의 태도가 아닐까 싶다.

쓰고 싶다면
이것부터 하자

하루에 한 줄씩이라도 끄적여라.　　　　　　　김원배

　2013년 작가로 이름을 올릴 수 있는 기회가 있었다. 교육청에서 진로 독서 워크북 제작에 참여하면서 국어 선생님들을 알게 됐다. 워크북 회의에서 우리도 진로독서를 책으로 만들어보자는 의견이 나왔다. 책을 쓰는 것은 생각지도 못했는데 기회가 생긴 것이다. 교육청 프로젝트를 마치고 우리는 A출판사로 책 출간을 위한 회의에 참여했다. 두어 번 참여하면서 나는 벙어리로 앉아 있었다. 솔직히 할 말이 없었다. 책을 어떻게 써야 하는지도 모르겠고, 어떤 내용을 포함시켜야 되는지도 몰랐다. 마냥 책을 출간한다니까 따라나선 것뿐이다. 나는 두저히 공저 작가로 참

여할 수 없어서 중도 포기했다. 지금은 매년 한두 권씩 책을 출간하고 있지만, 2013년도만 해도 나는 작가가 될 수 없다는 것을 뼈저리게 느끼는 중이었다. 뭐가 문제였을까? 가장 큰 원인은 책을 제대로 읽지 않았기 때문이다. 인풋이 있어야 아웃풋이 있는 것인데 제대로 읽지도 않은 상황에서 글을 쓰기는 버거웠던 것이다.

책을 쓴다는 사람은 많다. 책 쓰기 과정을 들어가지만 쉽게 완성하지 못하고 포기하는 경우가 많다. 책을 많이 읽은 사람들도 한 페이지의 글을 써내는 것이 쉽지 않아 보인다. 왜 그럴까? 글쓰는 습관이 제대로 자리 잡지 못했기 때문이다. 책을 쓰기 전에는 해야 할 것들이 몇 가지 있다.

첫 번째는 글쓰기 훈련을 해야 하는 것이다. 쓰지 않고는 아무것도 할 수 없다. 책을 출간하는 데 글쓰기는 기본에 기본이다. 공저 집필 실패 이후 나는 칼럼 베껴 쓰기를 시작으로 글쓰기 공부를 했다. 생각하는 것을 글로 표현하려면 매일 읽고 쓰기를 반복해야 한다. 그래야 자연스럽게 뇌 속에 있는 정보들이 글로 표현되는 것이다. 매일 새벽 3시에 일어나면 만년필로 노트 한 페이지씩 글을 쓴다. 주제는 따로 정하지 않고 나름 생각나는 대로 글을 쓴다. 아침에 쓰든지 저녁에 쓰든지 매일 쓰는 것이 중요한 것이다. 책을 읽고 필사하기와 블로그에 매일 한 편씩 글을 쓰고 있다. 책을 매일 읽으니까 필사도 매일하게 되고, 진로 또는 독서관련 글을 매일 한 편씩 블로그에 업로드하면서 글쓰기 훈련도 된다.

두 번째는 인풋이 있어야 아웃풋이 있다. 즉 책을 많이 읽어야 한다는 의미다. 글을 쓰겠다는 사람이 책을 읽지 않는다면 절대로 글을 잘 쓸 수가 없다. 글쓰기는 풍부하고 다양한 분야의 책 읽기가 우선되어야 한다. 새벽에 1시간씩 책을 읽고, 낮에는 틈틈이 책을 읽고 있다. 일주일에 두 권 완독이 목표다. 2013년 실패를 경험 삼아 읽는 것은 하루도 빼먹지 않고 꾸준히 진행 중이다.

세 번째는 관찰하고 메모하는 습관을 가져야 한다. 글을 쓰기 시작하면서 변화된 것이 있다. 바로 메모하는 습관이다. 글 쓸 주제들은 일상생활 속에서 찾을 수 있다. 영화를 보든, 텔레비전을 보는 경우도 항상 메모장을 옆에 두고 필요한 정보나 대화들을 정리하기도 한다. 일상적인 대화나, 여행 등 우리 주변에서 일어나는 모든 일에 관심과 호기심을 가지고 관찰하는 습관을 갖자. 이런 메모들이 모여서 한 권의 책을 쓸 수 있는 재료가 된다. 개인 책을 출간한다는 것이 쉬운 일은 아니다. 그러나 누구나 도전해 볼 만한 가치는 있다. 누구나 도전할 수 있는 분야이기도 하다. 작가를 꿈꾸고 있다면 관찰하고 메모하는 습관을 꼭 만들어야 한다.

2021년부터 온라인 글쓰기 모임을 운영하고 있다. 진로작가와 함께하는 맛있는 글쓰기 수업이다. 이 모임의 목적은 글쓰기 시간을 가지고 매일 한 편씩 에세이든 독서서평이든 작성하는 습관을 갖는 것이다. 글을 쓰고 싶은 분들을 모아서 같이 매일 글을 쓰는 것이다. 그러면서 동기부여가 된다. 나는 새벽에 대부분 글을 쓴다. 글쓰는 시간도 항상 일정하게 정해놓는 것이 좋은 방법이다. 그래야 꾸준히 작성하실 수가 있다.

책을 출판하기 전에 해야 할 것들 글쓰기 훈련, 꾸준한 독서하기, 일상생활 속에서 소재를 찾기 위해 메모하기 등 임을 다시 한번 상기하자. 책 쓰기 공부를 꾸준하게 실천하면 누구나 수익을 남기는 작가로 또는 강연가로 성장할 수 있다. 지금부터 책 쓰기 위한 계획을 수립하고 책 쓰기와 독서습관을 생활화 하면서 살아보자.

매일을 관찰자의 시선으로

장은주

관찰은 '새로운 것이나 신기한 것, 그리고 특이한 것을 찾아내는 적극적인 활동을 말한다. 우리의 일상을 관찰해보자. 아침부터 저녁까지 일련의 과정을 보면 행동 패턴에 별다른 변화가 없다. 그런 하루가 이틀이 되고 일주일로 이어지면 삶이 지루하다. 재미있는 일이 없을까 뭔가 특별한 걸 찾게 된다. 답답한 마음을 달래기 위해 여러 계획들을 세우고 평소 안 하던 걸 하느라 주말은 더 피곤하다. 월요일이 되면 또 힘든 한주를 맞이하고 그렇게 지친 시간들의 연속인 것 같다. 생활 속 피로를 되풀이하며 욕구를 어딘가에 저장하며 살고 있다.

특별한 일들이 일어나야 마음이 즐거운 건 아니다. 일상에서도 얼마든지 찾을 수 있다. 운전하면서 사람들은 네비만 보며 길을 찾느라 바쁘다. 내비게이션이 안내하는 대로 편하게 가는 것도 좋지만 가끔은 스치는 풍경들을 그냥 무심코 흘려보내지 말고 관찰해보자. 묵묵히 서 있는 무심한 건물도 속을 들여다보면 많은 삶의 이야기들이 담겨 있다. 시선을 주지 않을 때는 그냥 건물에 지나지 않는다. 그러나 눈으로 본 것들을 마음에 담는 순간 하나의 거대한 무엇으로 다가올 수도 있다. 그 재미와 즐거움을 많이 쌓아나가면 일상의 답답함도 조금씩 덜어진다.

"오늘 날씨가 화창하고 너무 좋은데요."

햇살이 눈부신 아침, 창밖을 보며 아들이 말했다.

"그래, 산에 가기 좋은 날이지."

다음날 아침에도 비슷한 대화가 이어졌다.

"엄마, 오늘은 회색 하늘에 날씨는 좀 구리지만 시원해서 좋네요."

"그래, 산에 가기 좋은 날이지."

"엄마는 모든 날씨에 반응이 왜 똑같아요?"

"산에 가기 좋은 날씨니까! 화창하면 기분 좋게 걸을 수 있고 흐린 날에는 그 나름대로 운치가 있지.", "아…그래요?!"

오래된 습관 중 하나가 날씨를 확인하는 일이다. 매일 밖에 나가 걷기 때문에 어디를 걸을지 수시로 생각한다. 집근처 공원도 좋지만 가능하면 산을 택한다. 그러고 보니 문득 아이들에게 그런 말을 자주 했다. "산에 가기 좋은 날씨구나!" 아무리 설명을 해도 어떻게 '모든 날씨가 산에 가기 좋은 날'인지 아이들은 의아해한다. 등산을 자주 해보면 그 마음을 알게 된다. 해가 나든 흐리든 걷고 있다는 게 그저 즐겁다.

이병률의 『혼자가 혼자에게』라는 책에 이런 문장이 나온다.

"산행을 다른 방식으로 하는 사람들을 보며 생각한다. 저 사람들은 마치 지구에 오늘 처음 와본 사람들처럼 지구를 살고 있구나."

다양한 산을 찾아다니다 보면 지구에 오늘 처음 와본 사람의 기분도 느낄 수 있다. 산마다 굴곡진 모양도 풍경도 다르기 때문에 눈을 반짝이며 보게 된다. 어른이 되면 딱히 호기심이 사라져서 궁금할 것도 별로 없다. 검색하면 다 나오니까 손가락을 움직이는 잠깐의 노력만 하면 된다. 검색으로 모든 걸 찾아낼 수도 없다. 정말 인생에 필요한 것은 내가 스스로 구해야지 검색만 하면 나오는 게 아니다.

살면서 무언가에 호기심을 갖는다는 것은 대단히 중요한 문제다. 아이들은 늘 호기심을 갖고 질문한다. 대답하는 게 귀찮을 정도다. 그런데 왜 나이가 들면서 호기심이 점점 사라지는 걸까. 그런 의문이 자주 들었다. 해답을 찾다가 문득 깨달았다. 산행을 다른 방식으로 하는 사람들은 같은 곳을 걸어도 다른 걸 본다는 것을. 산에 오르며 다른 걸 보려고 노력하니 사라진 호기심도 조금씩 생겨났다.

등산을 하면 같은 곳을 걸어도 다르게 다가올 때가 많다. 가끔은 늘 가던 길인데도 이곳이 그 길이 맞나 싶을 때도 있다. 천천히 유유자적 걸으면서 무엇보다 자연의 변화를 온몸으로 느껴서다. 어제 핀 꽃인데 며칠이 지나서 보면 깜짝 놀란다. 그 미세한 변화를 감지할 수 있다는 것이 신기하다. 걸음을 멈추고 그 속을 들여다보며 관찰하다 보면 얻는 것들이 많다. 색감과 모양도 다른 꽃들이 지천에 얼마나 많은지, 나무만 봐도 생긴 모양이 제각각이다. 또 초록이라도 다 같은 초록이 아니다. 나뭇잎 하나만 들여다봐도 그저 신비롭다. 하나의 색을 어쩜 그렇게도 다양한 색감으로 표현해 놓았는지. 정말 지구에 막 도착한 사람처럼 호기심 반 짝이는 눈이 되어 구경하느라 바빠진다.

'이렇게 하루라도 호기심 가득한 눈으로 세상을 바라보면 얼마나 좋을까.' 주변을 관찰자의 시선으로 살면 지루할 틈이 없을 듯하다. 이렇게 관찰자의 시선으로 살겠다고 마음먹으면 보이는 게 다르다. 관찰자의 시선에서 중요한건 마음가짐이다. 온전히 즐기려는 태도가 먼저다. 대충 보는데 어떻게 관찰이 되겠는가. 마음먹고 들여다보면 스쳐 지나가는 찰나의 순간도 충분히 느낄 수 있다. 온전히 즐기면서 집중하다보면 시간도 잘 간다.

카페에서도 시간을 달리해서 써 본다. 사람들과 수다만 떨고 시간을 보낼게 아니라 틈을 내어 여유를 만들고 관찰하는 시간을 갖자. 때로는 창밖을 내다보며 잠시 멈추는 멍 때리기도 좋다. 지나가는 사람들, 길거리의 풍경들을 눈에 담으며 그것이 주는 생각들을 온전히 느껴봐야 한다. 시선이 머무는 곳에서 어떤 생각이 스쳐 지나가는지 지켜보는 것. 그 한순간이 즐거움으로 남을 수도 있다. 어쩌면 사람들 사이에 오고간 대화보다 내가 본 풍경과 한 줄의 사색으로 인해 그 순간이 오래 남을지도 모른다.

사람들을 만날 때도 그냥 시간을 채우지 말자. 의미 있는 시간들로 기억하려면 관찰해야 한다. 재미거리 중 하나가 사람구경이다. 그냥 바라보는 구경이 아니라 관찰을 해보면 더 재밌다. 그래서 모임에 가면 사람들을 자주 관찰한다. 대화에서 잠시 물러나 그 흐름을 관찰하는 것이 꽤 즐겁다. 이런 관찰은 유익한 게 많다. 대화를 경청하면서 흐름을 파악하다 보면 실수도 줄어들고 오히려 더 많이 배우게 된다. '내가 관심을 기울이는 대상이 나에게 어떤 의미를 지닐까.' 관찰을 통해 이런 사색을 하다 보면 나름대로 어떤 질서를 부여할 줄 아는 능력과 더불어 다양한 안목까지 생긴다. 이런 관찰의 마지막 목표는 통찰력이다. 그 통찰력으로 자연스레 글의 소재까지 떠올리게 된다.

신정철의 『메모 습관의 힘』이라는 책에 이런 구절이 나온다.
"관찰하고 기록할 때, 우리가 만들어가는 인생이라는 한 권의 책은 반짝이는 일상의 페이지들로 빼곡히 채워진다. 엉성하게 채워져 있던 삶이 밀도 있게 변한다."

쓰는 사람에게 글감은 멀리 있는 게 아니다. 생활 속에서 보고 관찰한 것에서 쓸거리도 만들어지는 것이다. 그렇게 일상을 관찰하고 기록하면 하루가 다르게 다가온다. 심심할 틈이 없다. 기록하는 사람에게는 모든 순간이 쓸거리들로 넘쳐나기 때문이다. 사물이나 어떤 상황을 봐도 그 속에서 뭔가 의미를 발견하고 그것들을 온전히 잡아 두고 싶어진다. 내 속에 들어와 의미를 만들어내느라 바쁘다. 그 관찰한 순간들을 놓치고 싶지 않아 기록으로 남겨두려고 노력하게 된다. 그래서 관찰자가 되면 기록하는 일이 중요한 일과로 다가온다. 기록하지 않으면 그저 열심히 보낸 평범한 날에 불과하다. 그러나 관찰하고 기록하면 엉성한 삶에 질서가 생긴다. '내가 오늘 하루를 이렇게 보냈구나.' 기록으로 의미가 살아나고 밀도 있는 특별한 날로 바뀐다. 하루 일과를 눈으로 마음으로 다 새겨놓고 그것을 매일 기록하는 일은 특별하다.

매일 무언가를 쓴다는 것은 실로 놀라운 힘이다. 이것저것 조금씩 쓰다 보면 알게 된다. 내가 어떤 것을 좋아하고 관심사가 어디로 향하는지를. 앞으로 갈 방향도 보인다. 차곡차곡 쌓인 기록들이 말해주니까. 기록을 통해 저절로 나의 모습이 드러난다. 관심이 있으면 자꾸 눈길이 가게 되는 것처럼 자꾸 쓰게 되는 단어들이 결국 나를 드러내는 키워드가 된다. 시간이 지나도 변함이 없다. 빈틈없이 빼곡한 기록은 세월이 흘렀을 때 오히려 더 가치가 있다. 살아온 기록을 통해 내가 누구인지도 분명해진다. 기록하지 않으면 아무것도 남지 않는다. SNS에서 오가는 수많은 이야기와 인터넷 기사는 잠깐 즐겁다. 그러나 그런 대화들은 금방 사라진다. 지금 나의 하루를 관찰하고 기록으로 남기는 일에 더 집중할 때다. 그게 나의 미래를 위해 생산적인 일이 아닐까 싶다.

일상이 무료하고 재미가 없다면 관찰자의 시선을 가져보자. 하루를 관찰자의 시선으로 살아보면 순간이 즐겁다. 평범한 일상도 관찰하다 보면 특별함으로 바뀐다. 관찰하기가 주는 또 다른 선물은 살아가는 소소한 재미다. 어떠한 비용도 안 들고 섬세하게 주변을 관찰하는 것만으로도 하루에 새로움을 더할 수 있다. 관찰자의 시선으로 보면 새롭게 다가오는 게 많다. 천천히 주변을 둘러보며 눈에 담아보면 새로운 발견을 하게 될 것이다. 그렇게 일상의 풍요를 경험하면 매일 특별한 날이 된다.

05

독자에서
저자로 살기

'작가님'이라 불리기 시작했다.

김원배

"작가님 안녕하세요. 여기 ○○도서관이에요."

요즘에는 선생님이라는 표현보다 작가님이라는 말을 많이 듣는다. 처음 몇 번은 어색했다. '내가 정말 작가라고?' 나 스스로가 받아들이지 못했다. 학생들과 학부모님들 강의를 다니면서 '작가'라는 호칭이 친숙해졌다. 이제는 온라인이나 오프라인에서 진로교사이면서 책을 쓰는 작가라고 나를 소개한다.

송숙희 작가의 『책쓰기의 모든 것』에서는 "내가 일하는 분야에서 최고로 인정받고 선택받는 최단선의 지름길은 바로 이것이 두각을 나타내고 싶어 하는 이들이 비용을 따지지 않고 자신의 책을 갖는 이유다. 책은 당신이 어떤 비즈니스를 하든 당신의 고객에게 가장 근사한 모습으로 당신을 어필하게 하는 최고의 마케팅 도구다."라고 말한다. 책은 나의 전문성을 브랜딩하는 핵무기다. 이 책이 글을 쓰게 하는 힘이 되었다.

"책을 쓰는 것은 재물을 끊임없이 솟아나는 화수분을 짓는 일이다. 부자가 되는 첫 방법론은 자신의 분야에서 일가가 되는 것이다. 자신의 분야에서 일가가 되는 가장 좋은 방법은 책을 쓰는 것이다."라며 송숙희 작가님은 무엇을 하던지 책부터 쓰라고 말씀하신다.

2021년 『하고 싶은 것이 뭔지 모르는 10대에게』, 2022년 『단단단한 자존감을 갖고 싶은 10대에게』 책이 연속으로 출간되면서 강의가 쏟아지기 시작했다. 광양, 광주, 사천 등으로 강의 다니기에 바빴다. 매월 1회 이상은 강의 의뢰가 들어오고 있다. 진로교육 관련 콘텐츠를 책으로 출간하면서 대학원 겸임교수로도 활동 중이고 다양한 진로 개발 콘텐츠 개발 참여 의뢰도 들어온다. 글을 쓰는 작가들은 읽고 쓰는 활동을 쉼 없이 하고 있다. 프랑스의 소설가 베르나르 베르베르는 한 해는 10월 첫 번째 수요일에 시작된다. 매년 새 책을 출간하는 날이라고 한다. 작가는 첫 소설 『개미』로 크게 이름을 떨친 1991년부터 이맘때 신간을 선보이겠다는 목표를 세우고, 그것을 지켜왔다. "한 방 터트리는 것이 아니라, 지치지 않고 꾸준히 쓰는 게 중요하다.”라고 말한다. 작가는 40년 넘게 매일 '하루 열 장 쓰기'라는 규칙을 지켜왔다. 하루 5시간씩 40년간 글을 써온 것이다. 이런 부단한 쉬지 않고 꾸준한 노력이 명저를 만들어낸 것이다.

책을 쓰겠다고 호기롭게 시작했다가 흐지부지 끝을 맺지 못하는 경우가 허다하다. 준비가 되어 있지 않기 때문이다. 책이라는 것이 금방 나올 것 같지만 절대 그러하지 못하다. 베르나르 베르베르처럼 일년 열심히 글쓰기와 자료수집을 통해서 1년에 한 권의 책을 출간하고 있다. 평소 글을 쓰지 않았는데 제목을 정했다고 해서 글이 써지지 않는다. 매일 훈련이 필요한 것이다. 나는 매일 새벽 일어나서 대학노트 한 페이지 정도 매일 글을 쓰고 있다. 매일 쓰는 활동 속에서 창의성도 생기고 읽었던 문장들이 서로 연결되기도 한다. 쉽게 써지는 글은 없다. 매일 꾸준한 연습만이 있을 뿐이다.

2022년 10월부터는 〈나컨세 글쓰기 연구반〉을 운영 중이다. 자신의 삶과 경험을 책으로 출간하고 싶은 분들을 모집해서 글쓰기를 지도하는 과정이다. 벌써 4기를 운영 중에 있고 매 기수마다 다섯 분이 글을 쓰고 피드백을 받고 있다. 유튜브를 먼저 시작해서 구독자가 늘어나면서 자신의 콘텐츠를 책으로 출간하고 싶어 하는 분도 있고, 퇴직을 얼마 남지 않아서 그동안의 경험을 책으로 출간하고 싶은 분도 열심히 참여 중이다. 1인크리에이터가 되려면 자신만의 콘텐츠가 있어야 한다. 요즘 유튜버가 뜨고 있지만 유튜버도 글쓰기가 되어야 원고를 만들고 방송을 할 수 있을 것이다. 자신만의 콘텐츠는 내 이름으로 된 책이 최고의 가치를 가져다 준다.

2017년부터 공저가 출간됐고, 2019년 첫 개인책이 나오면서 월급 이외의 수입이 생기기 시작했다. 공저로 출발하는 것도 좋은 방법이지만 자신만의 콘텐츠를 만들어내는 것이 부수입을 얻을 수 있는 확실한 방법이다. 책 한 권이 월급 이외의 부수입을 올려주고 있는 것이다. 학교에서는 수업과 업무로 할 일이 많아졌고 학교 밖에서도 활발하게 활동하면서 진로작가로서 진로전문가로서 성장하고 있다. 이 성장의 뒤에는 독서와 글쓰기가 있는 것이다. 작가라는 직업은 평생 할 수 있는 활동이다. 평생 직업으로서 작가는 정말로 매력이 있다. 누구나 작가는 될 수 있다. 목표를 가지고 도전해보자.

읽는 사람에서 쓰는 사람으로! 삶이 달라졌다. 장은주

"전문가가 되고 싶다면 책을 써라."

독서하면서 이 말을 수도 없이 들었다. '전문가가 책을 쓰는 게 아니라 책을 써서 전문가가 된다'고 했다. 코로나를 겪으며 외출이 힘들 때 조용히 방에 앉아 글을 써서 작가가 된 사람들이 많다. 최근 책 쓰기에 대한 관심이 얼마나 뜨거운지. 책을 읽는 사람은 많지 않아도 작가가 되려는 사람들은 넘쳐난다. 그야말로 책 쓰기 열풍이다.

작가가 꿈은 아니었다. 학교 다닐 때 국어점수가 제일 안 나왔다. 수학이나 영어는 시간을 투자하고 노력한 만큼 점수를 얻을 수 있었다. 그런데 국어는 아무리 해도 제자리걸음이었다. 도대체 한국말인데 왜 읽어도 이해가 안 될까. 그토록 긴 지문을 읽고 답을 구하는 일이 세상 어려웠다. 지문 속에 답이 있다는데 찾고 찾아도 그 답은 보이질 않았으니. 평소 중요한 걸 외우고 시험 때마다 반복해도 늘 헤맬 수밖에 없었다. 국어점수가 잘 나오는 아이들이 부러운 순간이 많았다. '나에게 국어는 그런 과목인가?' 하며 체념했다. 그랬던 내가 글을 쓰고 작가가 될 줄은 몰랐다.

책을 가까이하다 보니 차츰 읽기에 익숙해졌다. 역시 독해력은 책 읽기에 있었다는 걸 지금에서야 깨닫는다. '다른 공부는 모두 제쳐두고 열심히 책을 읽었더라면 좋았을 텐데.' 가끔 그런 생각이 든다. 모든 공부의 기본은 읽기다. 텍스트를 읽고 이해하는 데서 공부는 시작된다. 그런데 읽으려는 노력은 하지 않고 자꾸 문제를 푸는 요령만 익혔다. 그러니 더 이상 발전이 없는 건 당연하다.

열심히 책을 읽어나갈 무렵 마음의 소리가 들렸다. "책 읽지만 말고 쓰세요!!" 책의 저자들이 그렇게 자꾸 말을 걸어왔다. '이제는 책을 써야 할 때'라고. 읽고 끝내는 독서에만 그치지 말고 저자가 되라고 수없이 많은 책들이 외치고 있었다. 그 외침을 무시하고 싶었다. '어떻게 내가 책을 쓸 수 있을까. 책은 뭔가를 이루어낸 대단한 사람들이 쓰는 거지.' 말도 안 된다고 생각했다. 책 쓰는 일은 나와는 너무 거리가 먼 이야기여서 막연하게 받아들였다. '언젠가는 써야지.' 하고 말이다. 그런데 계속 그런 메시지들은 읽을수록 반복되었다.

'언젠가' 어느 날 이 말이 자꾸 거슬렸다. 목표를 정확하게 쓰지 않으면 그 순간이 결코 오지 않을 것 같았다. 그래서 첫째 아이가 초등학교에 입학해 적응하고 한 학년이 올라가자 바로 결심했다. '나는 5년 안에 반드시 작가기 되겠다.' 그 모습이 까마득하지만 일단 그렇게 목표를 세웠다.

지금이야 폰으로 접속만 하면 정보를 쉽게 얻을 수 있다. 책의 저자들과의 만남도 편하게 이루어진다. 그 사이 세상이 너무 많이 바뀌었다. 책 쓰는 강의도 넘쳐나고 작가도 흔하다. 하지만 그때는 주변에 책을 쓴 사람이 아무도 없었다. 무엇부터 어떻게 해나가면 좋을지 조언해 주는 사람도 드물었다. 가까이서 직접 노하우를 듣고 싶어도 너무 막막했다. 길길이 멀게만 느껴졌다. '책을 써서 작가가 되는 것은 역시나 힘들겠구나.' 그런 생각을 하다가 그래도 해보자고 마음먹었다.

그때부터 책을 읽고 나면 부지런히 저자들을 만났다. 만남이 힘들면 책 속에 있는 이메일 주소로 편지를 썼다. 책의 느낌과 궁금한 것들을 담아 편지를 쓰면 대부분의 작가는 정성스레 답을 해 주었다. 절대 책을 읽는 데서 끝내지 않았다. 어떤 식으로는 연결되려고 노력했다. 책의 저자들을 직접 만나면 그 효과는 더 강력해진다. 그래서 애써 사인회나 강연회를 찾아 다녔다. 현장에서 단 한 번의 만남이라도 느낌이 다르다. 많은 동기부여를 낳기 때문이다. 동기부여가 되는 사람을 만나면 긍정적인 영향을 받아 게으름을 피울 겨를이 없어진다. 주말에도 아이들을 데리고 집근처 도서관을 찾아 저자 강연을 들었다. 어쩔 수 없는 중요한 집안 행사가 아니면 웬만해서는 도서관 강연장에 있었다. 마치 내가 직접 강연이라도 하는 것처럼 플래너에 작가들의 강연 일정으로 빼곡했다. 차츰 주말에 도서관에서 강연을 듣는 게 어느덧 일상이 되었다. 저자가 전하는 핵심들을 노트에 적으며 무엇을 적용할까 곰곰 생각하며 시간을 보냈다.

사람들 앞에서 말을 하는 건 별로 안 좋아한다. 사람들이 많으면 말하는 속도가 빨라지고 무척 떨린다. 그런데 강연을 듣는 건 즐거웠다. 강연을 통해 만난 작가들은 연예인보다 더 크게 다가왔다. 보고 있는 것만으로도 충분히 행복했다. '이렇게 강연을 통해 듣고 어떤 걸 얻어갈까 찾는 것이 재미있구나.' 이전에는 무엇을 좋아하는지 잘 몰랐다. 그때 처음 알았다. 강연을 듣고 깨닫는 시간과 그런 배움의 열정을 좋아하는 사람이라는 것을. 일상에서는 그런 동기부여가 되는 말들이 별로 없다. 시시콜콜한 잡담이 더 많다. 그래서 강연을 열심히 찾아 다녔다.

강연을 들으며 마음에 새겨야 하는 이유는 많다. 그들의 말과 행동을 따라 하다 보면 느낄 수 있다. '어느새 점점 내가 원하는 모습에 가까워지고 있구나.' 강연을 통한 깨달음이 자꾸 변화를 만들어내 다르게 살도록 이끌어 주었다. '나도 그렇게 사는 사람이 될 수 있겠구나.' 어느새 확신이 들었다. 그렇게 강연장을 찾아다니며 듣고 적용하다 보니 4년 만에 책을 써서 작가가 되었다. 목표가 1년 빨리 달성되었다. 누군가의 지도가 있었더라면 더 빨리 이루었을지도 모른다. 하지만 혼자 부단히 해나간 과정 덕분에 더 많은 걸 배울 수 있었다 부지런함과 꾸준함으로 작가의 꿈을 이룰 수 있어서 뿌듯했다.

찾아보면 성장에 영향을 주는 것들이 많다. 굳이 사람이나 책이 아니어도 다양한 매체를 통해 접할 수 있다. 궁금한 것들을 해결해줄 좋은 강연도 흔하다. 특히 코로나 이후 강연의 풍요 속에 살고 있다. 너무나 쉽게 강의를 들을 수 있다. 그저 줌으로 편하게 인터넷 접속만 하면 된다. 넘쳐나는 강의에 어떤 걸 들을지 선택하는 게 문제다. 작가들의 강연을 안방에서 편하게 접할 수 있지만 관심이 없다. 대부분은 누군가 만들어 놓은 창작물을 생각 없이 소비하며 보낸다. 그 시간을 조금 줄이고 나의 관심사와 연결되는 책을 읽고 강연을 듣자. 강연을 듣고 나라면 어떻게 할까 부단히 고민한다면 한층 성장할 수 있을 것이다.

읽기만 하는 독자에 그치는 것보다 작가가 되면 삶이 달라진다. 책으로 받는 인세보다 글을 통해 누군가를 변화시킬 수 있다는 게 기쁘다. 좋은 에너지는 한곳에 머무르는 게 아니라 계속 이어진다. 내가 쓴 글을 통해 독자들을 만나고 소통하는 즐거움은 그 자체로 행복하다. 무엇보다 사람들에게 선한 영향력을 나눌 수 있다는 게 큰 보람이다.

06

행복은
만들어 가는 것이다

매 순간이 행복이다.

김원배

　마흔 아홉을 넘기고 오십대에 들어서면서 장내시경을 해보기로 했다. 오십 년을 사용해온 장 속도 궁금하기도 했고 나이를 먹어가는 시점에서 검진을 했다. 검사 전날 장을 비우고 토요일 아침 일찍 여의도에 있는 병원으로 출발했다. 오십 년 동안 아픈 경험도 없고 매일 아침 화장실도 잘 봤기 때문에 특별한 증상은 없을 것이라 생각하고 아내와 즐거운 마음으로 병원에 도착했다.

　검사 후 예상 이외 결과로 아내와 나는 불안해지기 시작했다. 불과 몇 시간 전까지만 해도 행복하고 즐거웠는데 검사 결과를 의사에게 들으면서 갑자기 눈앞이 아득해진 것이다. 즐거웠던 마음은 사라지고 온통 불안한 생각이 뇌 속에 가득 찼다.

"버섯 모양의 용종 큰 것이 있어요. 내시경으로는 제기할 수 없있어요. 좀 의심스럽기도 합니다. 큰 병원 가서 수술하시고 정확한 결과를 받아 보셔야겠습니다."

의사의 말은 암일 수도 있다는 말이다. 용종이 3cm가 넘었고 모양이 별로 좋지 않다고 했다. 아내와 나는 사색이 되어서 병원 문을 나섰다. 의사선생님은 서울대학병원으로 협진의뢰서를 작성해주셔서 6개월 후 서울대병원에서 수술을 받기로 했다.

용종 제거 수술을 하기까지 6개월은 나에게 있어서 행복보다는 불안과 슬픔 속에 살아야 했다. 이 당시에는 책도 출간하고 진로교육 전문가로서 세상에 알려지기 시작한 시점이었다. 잦은 술자리가 문제였을 수도 있겠다는 생각이 들었다. '암이면 어쩌지? 지금 할 일들을 많이 벌려놨고 아이들도 아직 대학도 졸업하지 않았는데.'라는 생각들이 머릿속을 가득 메웠다.

아내 친구분이 홍삼정이 좋다고 해서 홍삼정을 매일 아침 복용하기 시작했다. 당연히 술은 끊었고 운동도 하기 시작했다. 혹시나 모를 수술 결과에 따라 내가 해야 할 일들도 정리해보는 시간이었다. 1월에 겨울방학을 하고 2월 초에 수술을 받았다. 결과는 암이 아니었다. 6개월 동안 암흑에서 살았는데 갑자기 눈앞이 밝아지면서 세상이 아름답게 느껴졌다. 병원 문을 나서면서 북악산에서 불어오는 차가운 바람을 가슴속 깊이 들이마시면서 다시 행복감을 느끼기 시작했다.

『부자의 1원칙, 몸에 투자하라』에서는 "몸은 나를 세상에서 살아가게 만드는 중심이다. 그 중심이 흔들리면 세상의 모든 것이 함께 흔들리며, 결국 꿈꾸는 목적지에 도달하기도 전에 넘어지고 무너진다. 아름다운 아이디를 현실로 구현해 창조의 꽃을 피워내기 위해서는 세상의 반대를 무릅쓰고, 본래 품었던 이상을 꽃피우기 위해 다양한 실험과 모색 시도와 도전, 시행착오와 우여곡절을 겪어내는 체력이 필요하다."라고 말한다.

오십 중반 장내시경으로 겪은 6개월은 앞으로 내가 행복한 삶을 만들어가기 위해 필요한 것이 무엇인지를 절실하게 깨닫게 된 배경이 됐다. 책도 읽고 글도 쓰고 강연가로 활동하기 위해서는 건강한 삶이 행복을 지켜주는 최선의 방어책이었다. '아니면 말고.'라는 용어를 많이 활용한다. 나의 능력에 맞는 것 주어진 것에 최선을 다하자. 나에게 긍정적인 에너지를 주는 사람을 만나는 시간도 부족한데 부정적인 영향을 미치는 사람은 멀리하자. 술에 대한 기억은 완전히 지워버리자. 기회가 왔으면 한 번 도전채보자.

도전했는데 내 역량이 아니면 스트레스 받지 않고 다른 방향으로 접근해보자. 이것이 나의 신념이다.

가톨릭대학교 교육대학원 강의 첫 시간은 자기소개시간이다. 진로진학 상담교사가 되려는 이유를 물으면 다양한 이야기들이 나온다. "지금 과목으로 퇴직까지 갈 수 있을지 걱정이 되어서요.", "교장보다 더 좋다는 선배 진로교사의 말을 듣고 신청했어요.", "나의 미래를 찾고 싶어서요." 이렇게 다양한 이야기가 나온다. 직장생활을 스트레스 받지 않는 것이 최선의 건강을 지키고 행복을 찾는 길이다. 필자도 진로교사가 되지 않았다면 지금의 영광과 행복을 누리지는 못했을 것 같다.

행복은 오늘 하루 생활 속에서 찾고 만들어가는 것이다. 내일 행복을 위해 오늘 스트레스 받고 힘들게 고생하며 참고 시간을 보내지 말자. 오늘 행복해야 내일도 행복할 수 있다. 여행을 가본 사람이 여행도 자주 다니고 이런저런 여행의 즐거움을 누릴 수 있다. 행복도 여행과 같다. 행복을 경험한 사람이 행복해질 수 있고 주변 사람들에게 긍정적인 세로토닌을 나눠줄 수 있다. 오늘을 행복하게 살아가는 사람들 주변에는 항상 좋은 사람들이 몰려 있게 마련이다. 학교 업무도 즐겁게 하는 편이다. 하루 종일 서너 시간 강의하고 업무로 의자에 앉아 있어도 즐거운 마음으로 일을 처리하고 있다. "김부장님 일을 너무 쉽게 쉽게 하세요." 별다른 방법이 있어서 즐겁게 일을 하는 것이 아니다. 하루하루 즐겁고 행복하게 살려는 마음가짐 때문이다. 주변과 관계에서 갈등보다는 배려하고 존중하는 기본적인 마음만 있어도 일상생활 속에서 행복을 만들어갈 수 있다.

오늘 행복해야 내일도 모레도 행복할 수 있다. "여행을 다녀보지 않아서 계획하지 않았어요." 퇴직을 앞둔 선배교사의 말이 오래도록 뇌 속에 남아 있다. 평생 일만 하신 분이다. 그분에게는 일이 모든 것이고 행복일 것이다. 행복의 종류는 다양하고 사람마다 다르다. 행복은 주관적인 느낌이다. 선배처럼 일 속에서 행복을 찾을 수도 있고, 나처럼 책을 읽고 글을 쓰면서 행복을 만들 수도 있다. 옆 동료들의 행복한 모습을 보면서 질투하지 말라. 그들의 행복을 배워서 자신 나름대로 행복을 만들어야 한다. 아침에 일어나면서 어떤 생각을 하는가? 출근이 짜증스러울 때도 있고 출근이 기대될 때도 있다. 짜증내면서 출근해도 할 일은 변하지 않는다. 내 마음만 불안하고 힘들뿐이다. 뇌 속에서 느끼는 불안감을 제거하는 것도 자신의 마음속이다. 누가 해주지 않는다. 행복을 멀리서 주변 사람들에서 찾지 말고 자신의 내면에서 찾아갔으면 하는 바람이다.

행복은 언제나 용기의 문제   장은주

"당신은 지금 행복한가요?"

이 질문에 망설임 없이 대답할 수 있는 사람이 얼마나 될까. 다들 행복하기 위해 사는데 쉽게 답하기가 힘들다. 언제 우리는 행복한가. 평소 내가 언제 행복한지를 먼저 알아야 한다. 그러면 그 조건들은 자연스레 떠올릴 수 있다. 자신에게 행복은 어떤 의미인지, 언제 무엇을 할 때 그 기쁨이 충만한지를 아는 게 우선이다. 나는 즐거운 일에 온전히 몰입하거나 성장하고 배우는 일에 최선을 다할 때, 그리고 사랑하는 사람들과 함께 보낼 때 행복하다. 그런 삶을 위해 어떤 조건들이 필요할까.

행복은 대체로 여유가 있을 때 느껴진다. 내가 바쁘고 마음이 조급할 때는 그게 행복인지 모른다. 그저 순간을 살아내는데 급급하다. 누가 옆에 있어도 모르고 의미 있는 행동에도 반응이 없다. 대부분 지나고 나서야 '그게 행복이었는데.' 하지 않는가. 눈을 조금만 크게 뜨고 보면 행복은 주변에 널려 있다. 행복을 뜻하는 세 잎 클로버가 온통 널려 있지만 행운의 네 잎을 찾느라 바쁜 것처럼. 당장 앞에 있는 행복은 잘 보이지 않는다. 그렇게 우리는 행복이 있어도 시간에 쫓겨 사느라 보지 못한다.

그러다 갑자기 행복을 찾으려 하면 더 힘들어진다.

일을 잠시 내려놓는 마음의 여유가 있어야 한다. 긴 시간도 아닌 단 10분이면 충분하다. 나와 주변을 물끄러미 바라보며 차 한잔 마실 정도면 된다. 그렇게 가만히 앉아 있는 시간이 필요하다. 나와 내 마음 상태가 고요해지면 그 평온한 마음에 기분이 좋아질 것이다. 지금 내 기분에 집중하며 온전한 평안을 누리는 것, 그건 돈이 들지 않는다. 마음의 여유 한 조각이면 된다. 순간에 귀 기울이며 가만 있어보라. 그러면 호흡이 편해지고 평안함이 느껴질 것이다. 많은 것을 해야 좋은 게 아니라 잠시라도 내려놓으면 좋아진다.

물론 경제적 자유가 있으면 행복하다. 누구나 물질에 있어 걱정이 없고 자유롭다면 바랄 게 없다. 경제적 풍요로움이 모든 걸 해결해 줄 것 같다. 다들 그 자유를 위해 오늘도 많은 걸 감당하며 산다. 돈이 많으면 할 수 있는 게 많아서 좋다. 그러나 그게 전부는 아니다. 돈이 많아도 행복하지 않은 사람이 얼마나 많은가. 호화로운 생활에서 다 누리고 살면 그 속에 진정한 행복이 스며들까. 또 다른 즐거움을 찾느라 마음이 즐겁지가 않다.

연세대 심리학과 서인국 교수는 세계에서 손꼽히는 대표적인 행복 심리학자이다. 그의 저서인 『행복의 기원』이란 책에 이런 말이 나온다. "그가 행복하다면, 원인은 그의 차가 아니라 그의 성격일 확률이 훨씬 높다. 그는 자전거를 타고 다녀도 웃을 사람이다. 행복한 이들은 공연이나 여행 같은 '경험'을 사기 위한 지출이 많고 불행한 이들은 옷이나 물건 같은 '물질' 구매가 많은 것으로 나타났다. 경험에 비해 물질에서 얻는 즐거움은 더 빨리 적응되어 사라지고 타인과의 상대적 비교를 더 자주하게 된다."

벤츠가 아니라 자전거를 타더라도 웃는 사람이 행복하다는 것이다. 그러니 행복은 성격과 관련이 있다. 물질의 가치는 시간에 반비례해서 소멸한다. 무엇보다 경험이 사람을 행복하게 만든다. 경험을 자주 하는 것이 행복의 비결인 셈이다. 어떤 것을 사기 위해 소비한 시간보다 어떤 일을 하기 위해 함께한 시간을 늘려야 한다.

일상을 돌아보자. 어떤 행동과 말을 더 많이 하는가. 어떤 사람들과 관계를 맺으며 살아가고 무슨 일을 할 때 기쁨과 행복의 감정을 자주 느끼는가. 어떤 상황을 바라보는 내 관점이 크게 좌우한다. 무엇을 하더라도 그것을 어떻게 받아들이는가에 따라 차이가 크다. 그러니 마음을 잘 다스려야 한다.

마음이 평화로운 사람이 행복하다. 그 평화와 자유는 돈과 무관하게 얼마든지 느낄 수는 있다. 생활이 힘들어도 그 현실을 감당할 수 있는 건 존재의 이유 때문이 아닐까. 내가 왜 살아야 하는지 이유를 아는 사람은 삶의 태도가 다르다. 꿈이 있고 함께 하는 가족이 있어서 행복한 사람이 더 많다. 역시나 행복은 돈이 아니라 시간이다. 사랑하는 가족들과 보내는 시간이 이 행복의 많은 부분을 차지한다. 용돈이 그만큼의 가치를 더할까. 돈은 시간이 지나면 사라지지만 함께 보낸 시간과 추억은 마음에 새겨진다. 가장 값진 선물은 시간을 함께 하는 것이라는 말처럼. 바쁜 현대인들에게 가장 귀한 게 시간이라면 그 시간을 기꺼이 나눌 수 있는 사람이 최고다.

사람들이 '다음에 밥 한끼 하자'고 버릇처럼 말한다. 하지만 그 약속이 얼마나 지켜지는가. 정말 중요한 사람이면 당장 언제 만날지를 정해야 한다. 그 사람과 마주앉아 따뜻한 식사를 나누는 순간이 의미가 있다. 그런 만남과 나누는 대화 속에서 진정한 행복을 느낄 수 있다. 행복은 미래가 아닌 지금 이 순간, 현재에 있다. 지금을 잘 사는 사람이 행복하다.

행복이란 단어가 추상적으로 다가온다. 하지만 생각해보면 단순하다. 어떤 상황에서 마음 상태를 보면 금방 알 수가 있다. 한 송이 꽃과 시원한 바람소리, 물소리에 내 마음이 어떻게 반응하는지를 보자. 별것 아니지만 그걸 온전히 느끼고 있는가. 어떤 사람은 잠시라도 그걸 마주하며 기분이 어떤지를 생각한다. 반면에 그게 있는지조차 모르고 사는 사람도 있다. 그냥 주어지는 것에도 바라보는 시각에 따라 느낌이 다르다. 그래서 행복하다는 것은 느낄 수 있는 것과 같다. 감정이 살아 있는 사람이 진정 행복을 느낄 수 있다.

그 행복을 위해 어떻게 해야 할까. 우리는 매일 여러 상황에 놓인다. 일상은 비슷하지만 매번 똑같지는 않다. 매일 재미있는 일이 일어나지도 않는다. 하지만 재미있는 일을 만들기 위해 노력할 수는 있다. 특별한 주의와 노력을 기울이지 않으면 달라질 게 없는 게 우리의 일상이다. 같은 일을 하더라도 어제와 다른 방식으로 시도해 보는 것이다. 어떤 일을 해내는 방법이 하나만 있는 건 아니니까. 사실 해보기 전에는 모든 게 두렵다. 자꾸 시도하다 보면 그 가운데 재미를 발견할 수 있다. 삶이 지루한 것은 이것저것 시도해보지 않아서다. 그저 늘 하던 대로 아무 생각 없이 수동적으로 하기 때문이다. 같은 일을 하더라도 순서를 바꾸어본다. 꼭 그대로 해야 할 이유가 없는 일이라면 자꾸 새로운 방식을 시도하는 것이다. 어제와 다르게 살아보겠다는 의지만 있으면 된다.

하루 중 한 두 시간의 여유가 생긴다면 무얼 하겠는가. 평소에 하고 싶었지만 생각만 했던 일을 시도해보자. 일주일 가운데 하루정도 특별한 이벤트를 만들면 좋다. 잠시라도 여유를 만들어보자. 시간을 기다리다 그 마음이 식어버릴지도 모른다. 무엇이든 마음이 갈 때 조금이라도 해보는 게 낫다.

　모처럼 평일 한낮에 여유가 생겼다. 해가 쨍한 날이었지만 자전거를 타기로 했다. 바닥의 열기가 더웠고 모자 사이로 땀이 송글송글 맺혔다. 그래도 소풍 가는 아이처럼 웃음이 났다. 가방에 책 한 권과 캔 커피를 넣고 하천변을 달렸다. 한참을 달리는데 한적한 곳에 정자가 보였다. 자전거를 세우고 자리를 잡았다. 주변은 온통 초록 들판이었고 커피 맛은 어느 카페 부럽지가 않았다. 시원한 바람을 느끼며 책을 꺼내 읽었다. 그 순간 어떤 것도 생각나지 않았다. 신선이 된 기분이 이럴까! 조용한 곳에서 한가로움을 즐기며 책 속에 빠져 있으니 정신은 어느 때보다 풍요로웠다. 이렇게 마음만 먹으면 얼마든지 특별한 하루를 보낼 수 있다. 주어진 시간에 무엇을 선택하느냐에 따라 행복이 좌우된다.

　오늘 하루를 어떻게 살지는 자신에게 달려 있다. 행복한 시간들을 만들기 위해 많은 게 필요하지는 않다. 평범한 일과를 벗어나 신선한 즐거움을 느껴보자. 그러면 생각이 달라진다. 행복은 언제나 용기의 문제다. 새로운 것을 받아들이는 용기에서 나온다. 용기를 내어 행동에 약간의 변화를 준다면 특별한 하루를 살 수 있다. 인생을 사는 데는 이런 마음가짐과 작은 용기가 필요하다.

07

어떻게든 쓰는 사람이
행복하다

긍정적 습관이 행복을 만든다.　　　　　　김원배

A교사 : 샘, 책 잘 나가죠?

김샘 : 아 뭐 그렇죠. 꾸준하게 판매되고 있는 것 같아요?

A교사 : 샘은 진로교사를 잘 선택하신 것 같아요?, 진로교사 부전공
연수 모집할 때 제가 하고 싶었어요. 그런데 샘이 먼저 선점을 했더군요.

김샘 : 나는 2011년부터 준비하고 교장선생님에게 미리 말씀드렸지요.

A교사 : 어떻게 매년 책이 나오죠? 부러워요.

김샘 : 꾸준한 습관 덕분이지요. 샘도 책 써요.

B교사 : 김샘은 새벽에 일찍 일어나요?

김샘 : 저의 하루 시작은 새벽 3시 30분입니다. 출근 준비하기 전까지

4시간이 저의 역사를 만들죠.

2022년 여름, 동료교사 자녀 결혼식에서 셋이서 나눈 대화다. 하루 일과 중 가장 행복한 시간은 새벽 시간 나만의 공부를 하는 시간이다. 누구에게도 방해받지 않는 시간이다. 긍정적인 생활 습관이 나를 행복하게 만든다.

헬렌 켈러는 "행복의 문 하나가 닫히면 다른 문들이 열린다. 그러나 우리는 대게 닫힌 문들을 멍하니 바라보다가 우리를 향해 열린 문은 바라보지 못한다."라고 했다. 버틀런트 러셀은 "행복은 내세의 '약속의 땅'도 아니며, 어떤 요행으로 주어지는 '운명'도 아니다. 행복은 오직 스스로가 쟁취하는 것이다."라고 행복에 대해 말하고 있다. 법정스님은 "행복이란 밖에서 오는 행복도 있지만 자기 마음 안에서 향기처럼 꽃향기처럼 피어나는 것이 진정한 행복입니다."라며 진정한 행복이 무엇인지 결론을 내려 준다.

주변에서는 나를 일중독이라고 말한다. 때로는 스트레스로 매운 음식이 생각날 때도 있다. 뇌 속에서 과부하가 발생할 때는 잠시 쉬어가기도 한다. 진로교육을 하면서 삶의 목표에 대해 아이들과 많은 이야기를 나눈다. 행복은 어디에서 오는 것일까? 지금 이렇게 글을 쓰는 순간도 행복하다. 인생을 행복하게 사는 방법은 딱 한 가지다. 지금까지 지내왔던 것들을 고민하면서 하루하루 사는 것이 아니라 앞으로 어떻게 살아갈 것인지, 무얼 하면서 살아갈 것인지 버킷리스트를 만들어서 그것을 하나씩 이루어가는 것이다.

행복한 순간은 항상 나를 찾아온다. 내 이름으로 첫 책을 계약하고 출판되기까지의 설렘과 엔도르핀 상승은 나를 행복하게 만들었다. 서울시청 지하 시민청에서 출판기념회를 준비하면서 도시락을 맞추기 위해 음식을 먹어보기 위해 수유리까지 발품을 팔며 다녔던 시절이 가장 행복한 순간이었던 것 같다. 출판 기념회를 준비하면서 '혹시나 100명이 안 되어서 도시락과 책이 남으면 어떡하지?'라는 걱정도 많이 했다. 출판기념회를 준비하는 과정이 더 즐거웠던 것 같다. 행사장을 가득 채워준 많은 지인들 덕분에 도시락이 남을까 봐 걱정은 연기가 되어 사라졌다. 참여해주신 분들 덕분에 매년 한 권씩 책을 출간할 수 있는 힘이 됐다. 남들 눈에는 피곤하게 보이지만 새벽에 일어나서 읽고 쓰는 활동은 나만이 가지고 있는 건강하고 행복을 만들어가는 과정이다. 누구나 살아가면서 건강하고 행복하게 만드는 것을 고민한다.

미국의 하버드대학교 교수는 1980년부터 2000년에 태어난 밀레니얼 세대에게 그들의 가장 중요한 인생 목표가 무엇인지 물었다. 이들 중

80%는 주된 인생 목표는 부자가 되는 것이라고 답했고, 그들 중 50%는 또 다른 인생 목표는 유명해지는 것이라고 했다.

이 영상을 보면서 현재의 우리네 청소년들과 다를 바 없다는 것을 알게 됐다. 진로 수업 시간 학생들에게 "꿈이 뭐니?"라고 물으면 "돈을 많이 벌고 싶어요."라는 답변을 많이 한다.

좋은 삶, 행복한 삶을 살아가는 데 돈은 필요하다. 그렇지만 행복은 우리네 삶에서 긍정적인 관계 속에서 이루어지는 것 같다.

2019년 첫 출판기념회에 관심을 가지고 찾아준 분들 덕분에 1년간 행복한 삶을 보냈듯이 어떠한 물질적 관계가 아니라 서로의 고민을 얘기할 수 있고 즐거운 대화를 나눌 수 있는 관계 속에서 행복은 항사 우리 주위에 머물러 있다고 볼 수 있다.

관계가 좋아야 행복하다는 것을 증명한 하버드대학교 종단 연구 결과를 살펴보자.

하버드대학교 성인발달 연구 75년간 남성 724명의 인생을 추적했다. 해마다 그들의 직업과 가정생활, 건강 상태를 설문하고 직접 방문하여 인터뷰로 진행됐다.

종단 연구진들이 얻은 교훈을 요약 정리해보자.

첫째, 사회적 연결은 유익하되 고독은 해롭다. 이익을 위한 관계보다는 좋은 사회적 연결이 건강하게 오래 살 수 있다는 것이다. 그렇지만 고독은 육체적 건강뿐만 아니라 정신적 건강도 해치게 된다.

둘째, 친구가 얼마나 많은가? 술이 필요해서 연락이 오면 나가서 만나는 친구가 아니라 서로를 배려하고 존중할 줄 아는 친구가 있어야 한다. 평소에는 '아우님' 하면서 챙기던 사람이 정작 내가 필요할 때는 나타나지 않는 경우가 있다. 겉으로만 아우님이지 정작 본인 마음속에서는 필자를 미워하는지도 모를 일이다. 관계의 질이 중요하다. 갈등 속에서 산다는 것은 정신과 육체적 건강에 해롭다. 친구도 진실한 친구를 많이 만들어야 한다.

셋째, 좋은 관계는 몸 건강뿐만 아니라 뇌 건강에도 영향을 준다. 가정에서 부부관계, 가족들과의 관계가 좋은 사람들이 오래도록 건강하게 산다는 것이 연구 결과 증명해줬다.

행복은 항상 우리 주위에서 맴돈다. 친밀하고 좋은 관계가 건강과 행복을 이롭게 한다. 가장 행복한 삶을 산 사람들은 그들이 의지할 가족과 친구와 공동체가 있는 사람들이었다고 한다.

퇴직 후의 삶을 어떻게 살아야 할까 고민이라면 '자신만의 버킷리스트'를 만들어서 하나씩 이뤄가면서 사는 삶을 추천한다. 다른 사람을 위해서 버킷리스트를 만드는 것이 아니라 자기 자신을 위해서다. 행복하게 즐겁게 하고 싶은 것 하면서 사는 부모님을 보면서 자식들이 안심하면서 자신의 가정에 집중하게 된다. 나이 먹었다고 자식에게 주변사람들에게 도움 받으려는 마음가짐보다는 자신의 버킷리스트를 만들어서 주도적으로 살아가야 한다.

크루즈 여행 (퇴직 후)

가방 메고 걸어서 동해 고성 부터 해안길을 따라 부산을 찍고 다시 남해, 서해를 거치는 전국일주 (퇴직 후)

100권 개인 책 출간 목표 (이 세상 떠날 때까지)

백두산 정상에서 사진 찍기 (퇴직 후)

중국, 그리스 역사여행 (퇴직 후)

청소년 소설 작가 되기 (퇴직 후)

세바시 출연하기 (퇴직 후)

오지마을 탐험하기 (퇴직 후)

제주도 1년 살아보기 (퇴직 후)

우리나라 10대 명산 정복하기 (퇴직 후)

나는 퇴직이 5년 정도 남았다. 퇴직 후 하고 싶은 것을 적어놓고 매일 아침 바라보고 있다. 퇴직 후가 기대가 되면서 행복감이 젖어든다. 버킷리스트를 작성하는 것만으로도 행복 충만이다. 목표를 이뤘을 때보다 이 것들을 이뤄가는 과정이 더 즐거운 것이다.

　너무 큰 기대나 엄청난 부와 명예, 그리고 쾌락이 행복을 가져다주지 는 않는다. 내 그릇에 넘치지 않을 정도의 삶 속에서 행복의 가치를 찾아 보자. 육체적으로의 행복과 정신적으로 행복을 동시에 맛보기 위해서 필 요한 것들이 뭐가 있을까? 고민을 하고 계획을 세워보자.

　행복이란…
　내 앞 가까이에서 내가 선택해주길 기다리고 있다.

글을 쓰면 일상이 행복하다.   장은주

우리는 어떨 때 기분이 좋은가. 무엇을 할 때 기쁜지 떠올려보자. 자신이 좋아하는 일이 무엇인지 알고 그것을 지속적으로 할 수 있다면 행복한 사람이다. 물론 사람마다 행복의 기준은 다르다. 맛집 탐방, 좋아하는 취미, 여행 등 각자가 느끼는 즐거움이 있다. 무엇이 되든 자신에게 맞는 걸 꾸준히 하면 된다. 지속적으로 해서 실력도 경험치도 쌓아 나갈 때 그 보람은 배가 된다. 자신이 좋아하는 일이 창조적인 것과 연결되면 더 좋다. 그 결과물이 내 앞에 보이면 더 하고 싶어지니까. 한번에 끝내지 않고 계속 하다 보면 그게 온전히 자신의 재능이 된다.

많은 활동 중에 글쓰기만큼 생산적인 일이 있을까. 예술가들의 창조물만 오랫동안 빛나는 작품이 되는 건 아니다. 일상에서 일어나는 일들을 글로 남기는 것은 대단한 가치가 있다. 특별한 걸 쓰는 게 아니다. 별것 아닌 것 같은 하루를 기록하고 그런 순간들이 차곡차곡 모이면 어떤 것과 비교할 수 없는 자산이 된다. 그 하루들이 곧 내 인생이 된다. 그러니 무엇이든 써보는 게 좋다.

처음에는 쓸 게 생각나지 않는다. 무엇을 쓸까 난감하다. 그럴 때는 많이 고민하지 말고 가볍게 낙서하듯 써본다. 그런 과정을 반복하면서 쓸 거리를 찾게 된다. 자꾸 하다 보면 일상에서 스쳐가는 것들, 작은 것에서도 이야기를 건져 낸다. 똑같은 상황조차도 다르게 보는 눈이 생기는 것이다. 찾는 노력을 하지 않으면 보이지 않는다. 관심을 두지 않았기에 아무리 가까이 있어도 볼 수가 없다. 글로 남기기 위해 관찰하다 보면 온 감각이 살아나는 걸 느낄 수 있다. 생활 속 무뎌진 감각을 깨우기 위해서라도 애써 찾고 부지런히 써야 한다.

줄리아 카메론은 30년 넘게 전 세계에서 '아티스트웨이'라는 창조성 워크숍을 진행해온 강연자이자 소설가이다. 그녀가 쓴 『나를 치유하는 글쓰기』라는 책에 이런 문장이 나온다.

"삶이 즐겁기 위해서는 두 가지 요소가 필수적이다. 하나는 안정감이고 다른 하나는 변화다. 글쓰기는 이 두 가지 요소를 모두 느낄 수 있다. 또 삶을 지속해갈 수 있고, 지속적인 삶을 자각할 수 있다. 글을 쓰면서 우리는 변화를 이끌어 나가거나 변화를 인식할 수 있다. 행복을 찾으려고 글을 쓰면서 나는 내 행복을 발견한다. 그것은 바로 글쓰기다."

이렇듯 평범한 일상에 변화가 필요하다면 글을 써야 한다. 글을 쓰면서 비로소 나를 알게 된다. 자신이 경험한 것을 글로 풀어낼 때 스스로가 변하는 것은 물론 한 사람의 이야기를 넘어 상당한 가치를 지닌다. 글쓰기의 효과는 이미 잘 알려져 있다. 도대체 글을 쓰면 뭐가 좋을까. 글을 쓰면서 행복을 발견하게 된다. 사실 글을 쓴다고 다 행복한 건 아니다. 글을 써도 괴롭거나 삶이 힘들 수 있다. 하지만 분명한 건 그나마 글을 쓰지 않으면 그 행복도 경험하지 못한다는 것이다. 글쓰기를 통한 진정한 행복은 써본 사람만 느낄 수 있다.

장석주 작가도 『나를 살리는 글쓰기』에서 "글쓰기는 더할 수 없는 매혹이고, 유혹이며, 충만한 삶을 사는 한 방식이다."라고 했다. 그의 말처럼 글쓰기의 목적은 행복이다. 더할 수 없는 유혹이다. 무엇보다 행복해지려고 글을 쓴다. 그 행복이 매일을 살게 한다. 답답하거나 고민이 있을 때 누군가에게 말하고 나면 속이 시원하다. 그럴 상대가 없을 경우 글을 쓰면 된다. 손으로 쓰는 동안 마음이 어느 정도 안정되는 걸 느낄 수 있다. 머릿속의 생각들은 써야 정리가 된다. 실체 없이 마음을 괴롭히던 것들이 글을 통해 눈앞에 나타나면 그저 별것 아닌 것에 불과하다는 것을 알게 된다. 평소 풀리지 않던 것도 쓰면 문제가 보인다. 그 과정에서 굳이 문제가 해결되지 않더라도 쓰는 동안 한결 가벼워진다.

우리는 어떤 식으로든 종일 누군가와 연결되어 있다. 휴대폰이 수시로 울리고 끊임없이 연락을 주고받으며 정보를 확인한다. 그 시간이 많으면 머릿속이 혼란스럽다. 많은 이야기를 한 것 같고 늘 누군가와 연결되어 있지만 허전하다. 온전한 내 시간을 가질 수가 없다. 다른 사람과의 대화도 즐겁지만 자신과의 대화를 즐겨야 한다. 외부와의 소통을 잠시 내려두고 나를 들여다보는 시간이 필요하다.

하루 중 그런 시간이 얼마나 될까. 중요하지 않은 일들에 밀려 내 마음을 챙기는 일이 밀려나고 있지는 않은가. 하루가 어떻게 지나가는지 모를 정도로 바빠서 그럴 시간이 없다면 다시 생각해 봐야 한다. 무엇에 그토록 마음을 뺏기고 사는지. 생각이 그냥 흘러가는 대로 두지 말아야 한다. 글을 쓰면 그런 시간이 주어진다. 하루를 보내면서 느끼는 감정들을 돌이켜보자. 머릿속에 떠오르는 것들을 마음이 가는대로 적으면서 나를 깊이 들여다보는 시간이 필요하다. 그렇게 나에게 집중하는 시간이 많은 사람이 되어야 한다. 나를 돌아보고 끊임없이 묻고 답하는 그 시간이 많을수록 내면이 더 단단해진다.

나만의 경험과 추억할 일이 많은 사람이 행복하다. 남의 스토리가 아니라 내 이야기가 많은 사람이 되어야 한다. 누구에게도 말하지 못하는 나만의 이야기들은 쓰면서 특별한 순간으로 남는다. 좋지 않은 일들은 쓰는 동안 서서히 가라앉는다. 누군가에게 말을 하는 것도 좋지만 쓰면 일단 객관적으로 보인다. 그렇게 좋지 않은 일들이 기억에서 희미해지면 결국 좋은 일만 남는다. 글로 쓰면서 좋은 기억을 오래 간직하자. 좋은 기억을 오래 간직하는 것은 행복한 일이다.

글쓰기는 행복을 늘려주는 효과가 있다. 경험한 것들을 그대로 두면 의미가 사라진다. 나중에 기억도 안 난다. 경험한 것들에 의미를 더해 한 줄이라도 써 두어야 한다. 글을 쓰는 사람은 그 순간을 온전히 남길 수 있다. 그렇게 모아진 나만의 이야기가 많으면 그 어떤 것보다 값진 자산 이 된다. 물질이 주는 즐거움에는 한계가 있다. 어떻게든 쓰는 사람이 행 복하다.

이제 책 속에서
꿈을 찾아 떠나자

삶의 중심에 걷기가 있다. 걷기가 일상이라 매일 운동화를 신고 밖으로 나간다. 일정 시간을 걸으며 길에서 보낼 때가 많다. 사람들은 그런 걷기가 아니라도 매일 길 위에 선다. 자신의 일을 하기 위해 늘 어디론가 향한다. 익숙한 길은 편하게 가지만 가끔은 새로운 길도 마주하게 된다. 예전에는 그저 종이 지도 한 장을 들고 찾느라 고생을 했다. 그런데 이젠 세상이 좋아져서 내비게이션으로 검색하면 바로 목적지까지 편하게 갈 수 있다. 낯선 장소를 찾아갈 때는 스마트폰의 도움을 받는다. 안내를 따라가기만 하면 별 탈 없이 목적지까지 갈 수가 있다. 그런데 폰이 없으면 가끔은 막막하기도 하다. 제때 충전을 하지 않으면 당황스럽고 길에서 방황하게 된다. 마음 충전은 게을리 해도 스마트폰은 늘 충전하고 지낸다.

살다 보면 '어디로 가야 하나?' 방황하는 순간이 온다. 길에서는 이정표를 보면서 방향을 찾으면 되는데 인생은 답이 없다. 책 속에 길이 있다는데 누군가 그 길을 알려주면 얼마나 좋을까. 자세하게 길을 안내해주면 좋겠는데 주변에는 그런 사람이 흔하지 않다. 책에는 먼저 그 길을 걸어가 본 수많은 사람이 있다. 그들의 말을 따라 걸어가면 된다. 방황해도 스스로 찾아가는 과정에서 길을 발견할 수 있다. 책 속의 길은 그렇게 혼자 찾지 않으면 보이지 않는다.

지금 살고 있는 김해에 정착한 지 16년이 되었다. 김해는 어딜 가나 도서관이 많다. 자신이 살고 있는 동네 가까운 곳 어디든 도서관이 있다. 장을 보거나 경전철로 이동할 때 역에서도 책을 빌려 읽을 수가 있다. 책 읽기에 정말 좋은 도시임에 자랑스럽고 감사하다. 아이를 키우면서 제일 많이 간 곳은 다름 아닌 도서관이었다. 어릴 적부터 도서관을 놀이터 삼아 살다시피 했다. 동네 도서관부터 곳곳에 세워지는 작은 도서관까지 정말 많은 혜택을 누리며 살았다. 책이 있었기에 내가 먼저 일어서고 그나마 아이들에게 좋은 영향을 줄 수 있었다.

도서관 다음으로는 카페를 많이 다녔다. 아이들과 늘 카페에 앉아 책을 읽고 글을 썼으며 때론 공부를 봐주기도 했다. 코로나 3년을 지나면서 생활 패턴이 많이 바뀌었다. 걷고 읽고 쓰는 삶이 주된 일과였다. 특히 카페에서 읽고 쓰는 생활을 하면서 집에 있는 답답함을 벗어날 수 있었다. 항상 책을 중심에 두고 살았기에 변화 속에서도 견디는 힘이 길러졌다.

어딜 다녀오는 길에는 카페에 들러 책을 읽으며 마음의 안정을 느꼈다.

　돌아보니 책과 함께해 온 시간이 벌써 25년이다. 처음에는 재미로 읽었으나 정말 치열한 변화를 위해 읽는 건 최근이다. 불과 5년 정도밖에 안 된다. 어떻게 책을 읽는가에 따라 삶이 달라지는 걸 체험했다. 읽기 전과는 전혀 다르다. 책을 읽을 때마다 변하는 걸 느낀다. 이전보다 나아진 내 모습을 발견한다. 책을 읽는 것으로 끝내면 의미가 없다. 읽으면서 얻는 것들을 내 것으로 만들어 실천해야 한다. 아주 사소하고 간단한 것이라도 행동으로 옮겨본다. 책을 읽고 변화하기 위해 많은 독서모임을 찾아 다녔다. 모임에서 좋은 사람들과 소통하고 영향을 주고받으며 성장하기 위해 노력했다.

　그런 시간들이 차곡차곡 쌓여서 이렇게 독서에 관한 글을 쓰도록 이끌었다. 처음엔 막막했으나 분량이 쌓여갈수록 방향이 보였다. '누군가의 경험이 또 다른 사람을 바꾸는 계기가 될 수 있겠구나.'라는 생각에 힘을 내서 끝까지 써 나갔다. 그리고 원고를 쓰면서 이제까지의 독서 생활을 돌아보는 계기가 되어서 무엇보다 의미 있는 시간이었다. 독서에 대해 말하기 전에 스스로 잘하고 있는지 점검하고 돌아볼 수 있었다.

　작년까지 읽은 책이 2,200권이 넘었다. 좋은 문장들을 노트에 쓰고 생각을 정리하며 천천히 읽어 나가는 동안 그 정도가 쌓였다. 이제 3,000권을 향해 가고 있다. 물론 많이 읽는 게 중요한 건 아니다. 이렇게까지 할 필요가 있을까 하는 생각에 잠시 주춤할 때도 있었다. 그러나 여전히 힘든 순간을 견디게 해준 건 책이었다. 책에서 만난 문장들 덕분에 다시 일어설 용기를 가질 수 있었다. 또한 재미보다 치열하게 읽으려고 노력할 때 변화가 일어난다는 걸 깨달았다. 책에는 생활에 영향을 주는 요인이 많다. 부지런히 책을 읽으면 생활뿐 아니라 인생도 바뀐다. 아무리 전자책이 대세이고 스마트폰 안에 모든 정보가 다 있다고 해도 역시 책만 한게 없다. 책을 읽을수록 더욱 실감하게 된다.

김원배 작가님은 성실함이 남다르시다. 새벽 일찍 독서로 하루를 깨우고 맡은 일이 많으심에도 쉴 새 없이 움직이고 도전함으로 목표한 것들을 이루어 내신다. 특히 독서와 글쓰기에 있어 누구보다 열정적이시다. 많은 강연을 다니시면서도 어떻게 그 많은 글을 써내시는지 놀랍다. 틈을 내어 부지런히 읽고 쓰시면서 주변에 선한 영향력을 나누어주고 계신다. 독서모임에서 함께할 때부터 통하는 부분이 많다는 걸 느꼈다. 배울점이 많고 항상 좋은 에너지를 나누어 주신다. 그런 작가님과 함께 책을 쓸 수 있어서 감사하고 영광이다.

이 글을 쓰는 내내 폭염과 싸우며 도서관에서 종일 머문 날이 많았다. 어떨 때는 7시간 동안 글을 읽고 퇴고하느라 눈이 아프기도 했다. 그 작업들이 고되기는 했지만 매순간 정성을 다했다. 책 속에는 더워서 흘린 땀만큼이나 문장을 하나씩 매만지며 고뇌한 땀의 흔적이 많다. 독서에 대한 간절함이 누군가의 가슴에 닿아 삶에 작은 변화라도 생겼으면 하는 마음으로 썼다. '책이 사람을 바꾸는 것이 아니라 바뀌려고 노력하는 사람이 책을 찾는다.'는 말에 격하게 공감한다. 바뀌려는 사람이 책을 찾게 되고 읽다 보면 즐거움을 알게 된다. 책을 읽지 않는 사람은 그 즐거움을 절대 모른다. 직접 경험하기 전에는 알 수도 없고 아무리 말해도 그저 그런 설명에 불과하다. 이 책을 읽고 작은 변화라도 경험해 보면 좋겠다. 그렇게 한 걸음씩 나아가는 삶이길 바란다.

사랑하는 가족들, 어느새 부쩍 자라 밝고 의젓한 모습으로 사춘기를 잘 보내고 있는 재호와 재희, 인생길 위에서 마음을 나누는 러닝메이트 '오사사' 멤버들, 늘 아낌없이 나누며 존재만으로도 힘이 되어주는 강태웅 대표님, DID힐링 마스터 송수용 작가님, 포사 이목원 작가님, 김순희 대표님, 신상대 대표님, 노정자 대표님, 토요일 새벽을 깨우며 함께 걷고 있는 '걷고 또 걷고' 회원들, 아낌없는 응원과 용기를 주시는 모든 분들, 그리고 독자님들께 진심으로 감사드립니다.

꿈을 그리는
행복한 글쟁이 장은주